大橋鎭子と花森安治
『暮しの手帖』二人三脚物語

出版ジャーナリスト
塩澤実信

大橋鎭子と花森安治『暮しの手帖』二人三脚物語　●目次

装丁　新田純

大橋鎭子と花森安治
『暮しの手帖』二人三脚物語

一、花森安治と『暮しの手帖』

独創誌の登場

『暮しの手帖』は、戦後に創刊された夥しい雑誌の中で、もっとも独創性に富んだ一誌である。雑誌を維持させる大きなメリットの入り広告を峻厳にこばみ、骨太い反骨精神〝花森イズム〟で、表紙から最終頁の一行に至るまで貫かれた婦人雑誌として歩んできた。編集長は花森安治《はなもりやすじ》。社長は九歳下の大橋鎭子《おおはししずこ》で、創刊は昭和二十三（一九四八）年九月だった。

当時、戦争の傷も癒えない、窮迫した時代——。国民の生活は衣・食・住ともに、ドン底だった。空腹を一切れの蒸し芋《いも》でしのぎ、端切れを寄せあつめた衣類で間に合わせていた。雨漏りのしない家に住めれば恵まれた部類であった。

勝者による戦争裁判。その日を生き抜くための労働争議。一食にありつくために起きた陰惨な事件。さらに政財界を舞台とする疑獄などが、新聞の紙面をにぎわせていた。

　戦争が終ってホッとしたのも束の間、既成の価値体系が崩れたあとの混乱が渦を巻き、その衝撃から派生した大小の事件が、ここを先途《せんど》とばかり噴出していたのである。

　そんな時期に、小市民ムードの暮しを描いた絵を表紙に、『暮しの手帖』は誕生したのである。タイトルの『暮しの手帖』の右上には、細文字で〝美しい〟という、庶民には絶えて久しく馴染みがなかった形容詞が、独特な字体で書きそえられていた。

　国民の生活が美しいものには無縁で、夢のある暮しにはまったく乖離《かいり》した日々を強いられているときだけに、美しさと夢をかかげた婦人誌の登場は、見事なまでに意表を衝いていた。

　占領国の軍政下にあった出版界は、戦犯出版社の追放の動きが起き、戦時下に国策に沿って活動した大手出版社の講談社、主婦之友社、家の光協会などが、矢面に立たされていたのである。その最中《さなか》に『美しい暮しの手帖』は、次のようなマニフェストをかかげ、船出をした。

これは　あなたの手帖です
いろいろのことが　ここには書きつけてある
この中の　どれか　一つ二つは
すぐ今日　あなたの暮しに役立ち

せめて　どれか　もう一つ二つは
すぐには役に立たないように見えても
やがて　こころの底にふかく沈んで
いつか　あなたの暮し方を変えてしまう
そんなふうな
これは　あなたの暮しの手帖です

噛んでふくめるような、わかりやすいマニフェストではじまる『暮しの手帖』の編集方式は、表紙からはじまって目次に、見事なまでに表象されていた。

成功した日本における婦人誌が辿った編集のノウ・ハウに、ことごとく楯突いた方針を貫いていたのである。

マス婦人誌の原型は、大正時代『主婦之友』を創刊した石川武美によって、創られたといわれている。

表紙を美人画（写真）で決め、実用的な料理だの医学、服装、おしゃれ、性と愛の記事を盛り沢山に掲載。さらに実用的な付録をいくつも付ける編集方式に一貫されていたのである。

誌面には、実用記事が発散するヌカミソ臭いムードがただよい、そのため「ヌカミソ雑誌」と読書人の間で笑われるむきもあった。しかし、日常の暮らしには役立つ便利さがあった。現実主義に徹して、誌面をつくるのが長所であった。

ところが、長所は即短所にもなって、未来への夢や、明日への展望がきかない誌面づくりになり、それらの実用記事は「障子の切り張りだ」の批判、誹謗《ひぼう》を受けた。

そのココロは、障子の破れ目だけをふさいで、全体を張り替える努力をしないという意味からだとされた。『暮しの手帖』は、同じ婦人実用誌を読者ターゲットにしても、この種の「ヌカミソ雑誌」は、なんとしても避けたい気持だった。

セールス・ポイントの第一に重要な表紙も、既成雑誌のミスなりミセスが、にこやかに微笑している表紙だけは踏襲しない方針だった。

花森イズムで貫く

婦人誌にかぎらず、表紙は購買にむすびつけるための第一の条件とされている。

表紙は雑誌の顔といわれ、広告の法則「ＡＩＤＡ」のＡ——アテンションに当たり、購買層の注意を喚起する最重要の部分であった。

こと婦人誌であるかぎりは、美人画か有名女優、あるいはタレントの笑顔で飾るのが、もっとも無難で売れる手段とされていた。

ついで目次が、第二のセールスポイントとされた。「ＡＩＤＡ」のＩにあたる部分で、表紙で注意を喚起し、目次で具体的にどういう記事があるかを知らしめる手段であった。『主婦の友』編集部に育ち、戦後、文化服装学院出版局で『装苑』『ハイファッション』『ミセス』『銀花』などを創刊、軌道に乗せた今井田勲と、中央公論社の『婦人公論』初の女性編集長だった婦人誌づくりのベテラン三枝佐枝子《さえぐさ》は、対談「編集長から読者へ」で、そのあたりを次のように語っていた。

今井田　目次というのは読む順序を決めるんだから、パッと見て何が載っているかわからなくてはいけませんね。目次を四頁にわたってつくると一目で見ることができないでしょう。どの原稿に編集部として力を入れているかをわからせるためには、一目で見れる観音開き目次がいいですね。もっとも『文藝春秋』なんかは目次が第一のセールスポイントになるかもしれませんね。

三枝　読者が目次を見た時、すがすがしい感じ、親しみやすい感じを与えることが大切ですね。ただ目立てばいいからと思ってドクドクしい色を使うのは逆効果でしょう。

今井田　目次というのは、第一に読みやすくなければいけないんですね。（中略）読みやすく、美しく、そこに編集部の意図がはっきり反映しているということが、目次をつくる場合には大事ですね。

この対談は、『暮しの手帖』創刊当時から二十年後に行われたものであるが、二十年前であろうと後であろうと、婦人雑誌づくりのセオリーは、ほぼこの言葉に尽きていた。

だが、創刊された『暮しの手帖』は、婦人誌づくりのベテラン、今井田勲、三枝佐枝子の説く売れるという婦人対象誌づくりのセオリーを、ことごとく破っていたのである。

まず、表紙には女性の顔を出していなかった。誌名も『暮しの手帖』という、逼迫《ひっぱく》した当時の暗い暮しをイメージさせるものだった。

目次は、一目で見られない四頁にわたるもので、それも味もそっけもないモノクロ頁に、掲載の順序に従い、同一活字を並べているだけだった。

川端康成、田宮虎彦、中原淳一、佐多稲子など、一般婦人雑誌の目次を飾る著名作家も揃えられていたが、他はさして知られていない顔ぶれだった。

それも、七、八枚以下の短いエッセイばかりで、〝雑誌〟の読みものにしては、購買欲をそそらない淡白なトーンで貫かれていた。

しかし、レイアウトは、表紙からはじまって、最後の頁に至るまで、花森イズムで統一され、一字一行もおろそかにしない見事なリズム感を醸し出していた。

読みやすい活字の号数と行間、カットの配置、ホワイト・スペースの小憎いほどの使い方に、レイアウト・マンの端倪《たんげい》すべからざる美意識を感じさせた。

ゴテゴテした荒物屋の店頭、駄菓子屋を思わせる既成雑誌に馴らされた読者には、ちっとも食欲をそそらさせない——あまりにもサービスに欠ける雑誌ともいえた。
創刊号の「あとがき」には、出版業界で起きるであろう、このたぐいの反響、批判、中傷を予測した次のような言葉が書かれていた。

この雑誌を、はじめるについては、どうすれば売れるかということについて、いろいろのひとにいろいろのことを教えていただきました。私たちには出来ないこと、どうしても、したくないことばかりでした。いいじゃないの、数はすくないかも知れないけれど、きっと私たちの、この気もちをわかってもらえるひとはある。決して、まけおしみでなく、みんな、こころから、そう思って作りはじめました。(中略)
この雑誌には、むつかしい議論や、もったいぶったエッセイは、のせないつもりです。それが決して、いけないと言うのではなく、そうしたものは、それぞれのものが、もう、いく種類も出ているからなのです。この紙のすくない、だから頁数も少なくしなければならないときに、どの雑誌も、同じような記事をのせることはつまらないことだと考えたからなのです。毎月出したい気もちで、いっぱいでいながら、年四回の季刊にしたのも、その方が、いくらかでも頁数を多くすることが出来るからでした。

偶然の出会い

一万部刷った創刊号の「あとがき」に、このような楽屋おちに近いことを、こまごまと綴った『暮しの手帖』は大橋鎭子と花森安治が、敗戦直後、『日本読書新聞』で知り合ったことから、懐胎《かいたい》することになった。

大橋鎭子の九十歳にしてまとめた自伝『「暮しの手帖」とわたし』には、そのあたりが次のように書かれている。

花森さんと出会う偶然を作ってくれたのが田所《たどころ》太郎編集長です。

「日本読書新聞」の復刊がすんで、一息ついたある日、私は田所編集長に相談をしました。「私の父は長いこと肺を患って亡くなり、母はたいへん苦労をしました。父が亡くなったのは私が小学校五年、十歳のときです。私たち姉妹三人は、母の苦労で今日まで過してきました。母が自分の着物や帯を売ったり指輪を売ったり、祖父が北海道の家や土地を売ったりして、女学校を出してもらいました。

こんどは、私が母を幸せにしなくてはなりません。祖父にも恩返しをしなければなりません。それには、人に使われていたのでは、収入が少なくてどうにもなりません」

鎮子は、簡潔に自分の苦労して育った過去を述べた上で、出版への道にすすみたい望みと、手掛けてみたい出版物を、自らの過去に照らして次のように告げたのだった。

「私は戦争中の女学生でしたから、あまり勉強もしていなくて、なにも知りません。ですから、私の知らないことや、知りたいことを調べて、それを出版したら、私の歳より、上へ五年、下へ五年、合わせて十年間の人たちが読んでくださると思います。そんな女の人たちのための出版をやりたいと思いますが、どうでしょうか」

鎮子がこの時、田所太郎に告げた出版への志は、きわめてまっとうなものだった。すぐれた出版人、編集者は、自分の読みたいもの、知りたいことを、これはと思う著者に交渉して、書いてもらう。それを誌面に掲載することで読者を獲得していく。

一例を挙げれば、戦後、筑摩書房で『展望』を創刊した臼井吉見は、唐木順三、中村光夫といった編集顧問と、混乱した敗戦直後に先んじて出す雑誌の誌名を「夢」だの「風」「雲」と、次々に提案した後で中村が「文化」、唐木が「展望」と最終的に提言し、見晴しを意味する『展望』に決って、雑誌の基本方針とか性格に論が及んだとき、誰ともなく、「基本方針もあるものか、自分のつくりたい雑誌、自分の読みたい雑誌をつくりゃいいんだ。ひとさまのことなんか考えていられるものか」

と言ったと記している。

そして、この言葉を敷衍《ふえん》して、臼井は次のように書いている。

僕ら自身が読者だということ。僕らを離れた読者などという、よそよそしい存在を考える必要なし。勝手に読者を想定して、それをおだてたり、気をひいてみたり、教えさとしたり、おどしたりするような雑誌が多すぎるきらいがなくはなかった。一つぐらいは、編集者が自分の読みたい雑誌をつくることもゆるされるだろう。そんな雑誌に共感してもらえる読者が、ある程度、いないはずはない。すくなくとも、読者を小バカにした、いい気なものだけはつくりたくなかった。毒にも、薬にもならない、こまぎれ容器みたいものにしたくなかった。

歯に衣《きぬ》を着せない臼井吉見のこの発言は、大橋鎭子の考えた出版物に、通底するものがあった。

鎭子がこの後、花森安治と会い触発されて創刊する雑誌『暮しの手帖』が、コマーシャリズムに毒されない、自分を読者に想定した雑誌であることを思うと、彼女が田所太郎にこのときに述べた言葉の意味は、重かった。

田所は、鎭子の出版の相談を受けて、すぐに答えたのは、

「そうね、それだったら、いま編集部に見えている花森安治さんは、そのほうに力のある

人だから相談したらいい」

という、熱心なすすめだった。

運命のいとぐち

花森安治は、田所太郎と旧制松江高等学校、東京帝国大学の同窓で、新聞部を通じの友人だった。

花森が田所に会うまでの道筋を辿ると、次の通りになる。

花森は、明治四十四（一九一一）年十月二十五日、神戸の没落した貿易商の家に、六人きょうだいの長男として生まれている。

祖父の代に、貿易で成功して資産を成したが、父・恒三郎は家業に励む人ではなく、競馬に興じ、株や相場に手を出し、他人の連帯保証人になって財産を失っていた。

それに加えて、家が飛び火で類焼したため、一夜にして長屋暮らしに没落。小学校の教員上りの母・よしのは、昼は薬屋や荒物屋を営み、夜は和裁の内職で、暮らしの維持にきゅうきゅうとしていた。

花森はこの環境下で、リベラルな校風の神戸三中に進学、絵に才能を発揮し、活動写真に熱中する少年だった。

弁論部に所属し、弁論大会ではつねに真打ちで登場し、熱弁をふるったが、演説の内容が激しすぎで、「左翼思想かぶれではないか」と誤解された。少年の身を案じた教師は家にまで忠告に来てくれた。

治安維持法が施行され、アカがかった挙動をとる者たちを、片っぱしから検挙し、拷問を加える情勢下に、安治の過激な弁説は、危険と見られたのである。

頭脳は明晰であったから、当然、上級学校を目ざすだろうと見られていたが、働きのない父を持つ花森家に、その余裕はなかった。

小学校の教師を勤めた母には、安治をなんとしても大学に学ばせたい思いが強かった。それで、甲斐性のない夫に向って、ことあるごとに、

「裁縫で蓄えがあるから、安治を大学へやってほしい」

と訴えていた。

死去する年の夏、母は制服姿の安治を枕許に立たせて、あちらを向け、こちらを向けと眺めまわして、青春の覇気を発散する息子の姿に目を細め、

「立派になったねえ」

ともらした。

母のか細いそのつぶやきを耳にした安治は、

「あほくさ!」

と含羞を込めた言葉を返していた。

母は、余命もないことを自覚したのか、そのとき、

「あんた、将来どうするつもり」

と、唐突に聞いた。

安治は、母のその問いに、すでに決意をしている口調で、次のように答えていた。

「新聞記者か、編集者になるんや」

母は「ふうん」といったきりだった。

その数日後、母は六人の子どもを残し、三十八歳の若さで死んでしまった。

安治は、母の亡骸《なきがら》のわきで、病みおとろえた顔を、一心にスケッチしていた。

受験に失敗し、一年間浪人生活を送ったとき、安治は神戸の山手にある大倉山図書館に通って勉強した。

たまたま、その図書館で、平塚らいちょうの『円窓より』に出会ったことで、婦人問題に関心を持つようになった。

花森は、昭和三十七(一九六二)年三月十五日付の朝日新聞の「一冊の本」に次のように書いている。

いったい、なにがきっかけで、この本を読んだのか、いまはもう、どうしてもおもいだ

せない。(中略)
神戸の山手の大倉山に、市立の図書館があった。(中略)ここの閲覧室で、この本を物理の教科書といっしょに読んだのである。(中略)
読んだのは、たしかいちばんはじめの、「元始女性は太陽であった」と、「自分は新しい女である。自分は太陽である」といった文章と、たぶん二つだけかもしれない。(中略)
二、三日して、またこの本を借り出した。「元始女性は実に太陽であった。真正の人であった。今、女性は月である。他に依って生き、他の光によって輝く病人のような蒼白の月である」という書出しを、いまでもおぼえている。(中略)
それからあと、図書館のカードでは「婦人問題」の項をくってみるくせがついた。その項にはいっている本は、片っぱしから借り出した。ベーベルの「婦人論」が手はじめだったとおもう。わかりにくいところは飛ばして、わかるところだけを読んだ。一年の浪人暮しが終ったときにはこの図書館にある、婦人の地位とか解放といった本は、とにかくみんな一通りは読んでしまっていた。

大倉山図書館の婦人問題の本を、一通り読破したとなると、浪人生活中に厖大なその種の本を……と思われるが、花森は「全部で二十冊くらいしかなかったのである」と告白しながらも、婦人誌に後半生を賭ける宿命的な記述をしている。

二、編集の揺籃時代

編集者への出発点

花森安治は、神戸の三中を卒業して一年の浪人後、島根の松江高等学校へ進学した。当時の高校生は、入学すると、朴歯《ほおば》の下駄にマント。弊衣破帽《へいいはぼう》のバンカラ姿に一変した。特異な容貌の花森が、バンカラ姿になると、人目を惹き、町の女学生からは〝ドンビキ〟(ヒキガエル)という有難くないニック・ネームを献呈されたという。

ドンビキは、常にスケッチブックを持ち歩いて、町の風景や人物をスケッチし、画家兼デザイナーへの芽を育てはじめていた。

二年生に進んで文芸部に入り、「校友会雑誌」の編集に参加したが、文芸部で顔を合わせたのが田所太郎だった。田所とは東京大学新聞編集部でも一緒になり、彼はその後、日本読書新聞編集長に就いたことから、同紙の編集部員となった大橋鎮子を、花森安治に紹介するめぐり合わせになるのだが……。

それよりは、文芸部に入ったことが、「ぼくの編集者としての出発点だ」と、自認したのが花森だった。

校友会雑誌の編集にかかわったことで、眠れる才能は、早くも目覚めたのである。

昭和七（一九三二）年、第二十号の編集を任されるや、それまでの校友会雑誌の判型を、ほぼ真四角に変え、真っ白な木炭紙のフランスとじにするという大胆な転換を計り、装丁も目次も、本文のレイアウトも、すべてひとりでやってしまったのである。

花森は、その上で宣言もどきの編集後記をしたためていた。


本號の責任はすべて僕にある。

この編輯は全く僕によって、その獨断のもとになされた故に——この点、委員田所、保古の厚意に感謝したいと思ふ。

×

本號の体裁について——敢へてこの判をえらんだのはあながち僕の衒った趣味によるものではなくて、一行の字数を減じ、行数を増して、紙の節約を得ると共に、読みやすさを考へたからである。頁数が増えたのは、このためでは決てない。それは原稿の豊富さに原因してゐるであろう。
本號の組み方について——これはすべて、九ポイント一段組を以て構成された。紙面の変化を図るために、一部は二段組に、との話もあったが、僕は獨断を以て、全部一段に組んでもらった。僕自身の考へを言へば、二段組の、あのゴミゴミした感じがいやなのである。カットを入れてはどうか、といふ意見もあった。かなり強硬だったが、僕は断然これに反対した。見たまへ、全国数十の校友会雑誌が、そのカットによって、如何に紙面を、作品をぶちこわされていることか。失礼ながら、それかと言って、理想的なカットが、この学校で得られるのぞみは、恐らくあるまいと思ったからである。活字の集団と、直線による紙面構成に、美を見出してくれるひとはいないものだろうか。（後略）

二段組を全部一段に組ませたら、稚拙なカットによって紙面と作品がぶちこわされることを嫌い、直線による紙面構成によって、截然《せつぜん》たる美を見出す——という発想は、十余年後に創刊される『暮しの手帖』に、熾烈なまでに発揮されるのである。

花森が、校友会雑誌のワンマン編集で発揮された斬新なデザイン、レイアウトは、この後、東京帝国大学の新聞社時代に、さらに発露されるところとなった。

昭和八（一九三三）年、彼は東大の文学部美学美術史学科に進学。大学構内で「編集部員募集」のはり紙を見て、作文と面接のテストを受け、帝国大学新聞社の編集部に入った。

小学校の同級生だった田宮虎彦に邂逅《かいこう》したのは、この時だった。他に、編集部には後にマスコミ関係で活躍する扇谷《おおぎや》正造、杉浦明平《みんぺい》、田所太郎らがいた。

『帝国大学新聞』と銘打っていたが、読者は大学生や同窓の先輩である一般市民も購読していて、発行部数は六万部だった。その販売費と広告収入があるので、部員には一年生に十円、二年生十五円、三年生には二十円という月給が支払われていた。

安月給取りが三十五円といわれた時代だったから、没落した貿易商の末裔の花森には、干天《かんてん》の慈雨だっただろう。

花森は、この帝国大学新聞で、見出しの罫と余白の見事なレイアウトで、存在感を発揮したのである。それは高校の校友会雑誌では、稚拙なカットを峻烈に拒絶したが、大学新聞では、カットを自分で描いて入れるという『暮しの手帖』の片鱗を、示したことだった。

片鱗といえば、戦後、パーマをかけ、スカートをはいて銀座を闊歩した……という伝説を生む、奇抜なファッションを見せはじめたのも、大学生時代からだった。

花森が戦後に大橋鎭子の要請に応えスタートさせた『スタイルブック』に掲載した直線裁ちのデザインの原点は、この頃にあったと推測されている。

当時彼は、苦学生の地を行く生活を強いられていて、満足に着られるものを持っていなかった。それで、一枚のきれ地のまんなかに穴をあけ、そこに頭を通して、腰のあたりを紐《ひも》で縛るという〝自然人〟の恰好で、恥じる様子もなく、大学を闊歩していたと伝えられている。

後に、花森は、奇抜なファッションを、自らの生活に取り入れたことについて、エッセイに次の通りに書いている。

社会的現象として、人間が何かを着るということ、それを考えるだけでなく、自分の生活も、考えたように組み変えて行こうとした。

その美学的生活

着るものを、自分の考えたように組み変えて、身につける……。世の常識に逆らう行為であっても、それが機能的で便利とあれば、花森は厭うことがなかった。

卒業論文のテーマに「衣粧の美学的考察」という、およそアカデミックな東大生に馴染まない分野を選んだのも、生活信条からだったのだろうか。

担当教授は、花森に相談を受けて「文献がないから、卒論のテーマには無理ではないか」といったと言う。

しかも、「衣裳」「衣装」という熟語はあったが「衣粧」というそれはなかった。花森がそれを承知で、衣裳と化粧を合わせて「衣粧」という造語を考えたのは、前人未踏の領域だったからだった。

担当教授から「参考文献がないから……」と言われてもひるむことなく、「衣粧の美学的考察」を卒論に書き、

「文献の引用がひとつもない、これこそ世界最初の衣裳美学に関するオリジナル文献だ」と自認したとの伝説がある。

その言動は、奇抜、風変り、特異、面妖といわれようと、花森の軸足はこの後につづく人生で、変わることがなかった。

私生活において、いま一つの驚きは、苦学生の身で、大学三年生のときに学生結婚をしたことだった。妻となった、ももよの実家は、花森が学んだ松江高校の地、松江市随一の豪商・山内佐助商店で、ももよは五人兄妹の末娘だった。

二人の結婚は「松江」という地で結び付くが、この結婚には幾通りかの伝説があった。一人娘の藍生《あおい》は「母・ももよのこと」で次のように書いている。

私の母は島根県松江市で呉服問屋の末娘として大正二年三月に生まれました。繁昌していた商家で、四人の娘それぞれにばあやがつき、文字通り乳母日傘《おんばひがさ》で育ったという。(中略)やんちゃ娘も白潟小学校を卒業し、三人の姉達に続いて松江高女に進学。

長姉次姉は女学校を卒業すると結婚したが、子供がいなかった祖母の実家に養女に行った三姉が松江高女から東京の共立女子専門学校に進学した。羨ましくてたまらぬ母は、しぶる祖父の説得に成功。上京して実践女子専門学校に進学、寮生活を送るようになる。(中略)

夏休みに松江に帰省するため、東京駅で切符を買い、窓口を離れようとしたら、次に並

んでいた人が「松江一枚」と云ったので、思わず振り返った視線の先にいたのは大学生。その時は何事もなく……。（後略）

この後、ももよは、実家に帰って翌日、長唄の先生の所に、土産を持って挨拶に行くと、「今、帝大の学生さんが滞在しているから、一緒にお茶を」と言われて、お茶の席で会ったのが、東京駅で見かけた「松江一枚」の学生だった。俗にいう一目惚れになった花森は、「若い娘の心を傾けさせる容姿」ではなかったが、「ありったけの情熱で母を口説いたようだ。将来の夢を語り、母に『この人は何かをなしとげる』と思わせ、苦労を覚悟で父に将来を託す決心をさせたらしい」と、娘は推測している。

しかし、没落した神戸の貿易商の長男と、松江の大店《おおだな》の末娘という取り合わせは、とても、結婚は叶えられる状況ではなかった。

この時、藍生の父となる男が選んだ窮余の一策は、松江高校の恩師・加藤恂二郎教授に頼み、ももよの両親を口説いてもらうことだった。仲人もあわせて頼んでいた。

悲願はようやく叶い、昭和十（一九三五）年の秋に結婚した。苦学生の身で生活は容易ではない。学校の授業には、ほとんど出席せず、帝大新聞の二十円の給料と、化粧品のパピリオでアルバイトをして、新婚生活を支えざるを得なかった。

パピリオは、伊東胡蝶園が発売していた化粧品で、胡蝶がフランス語でパピリオだったことから、この商品名になっていた。そして、化粧品の洒落た独特な字体が評判になっていた。新進画家の佐野繁次郎の手になるものだった。

花森は、佐野と知り合ったことで、パピリオの広告を手伝うようになり、東大を一年留年した後に入社した。文才、画才ともに優れた花森は、パピリオの新聞広告を手がけるとたちまち、先輩・佐野の独特な字体や色彩感覚、レイアウト術を、自家薬籠中のものにしてしまった。

花森はいま一つ、パピリオのPR雑誌を、佐野と編集する間に、噛んでふくめるような、女性向きのやさしい文体を、わがものにしていた。

のちに、『暮しの手帖』を編集するとき、このやさしい、わかりやすい文体が、絶大な力を発揮することとなった。

パピリオに入った昭和十二（一九三七）年は、花森の人生に大きなメルクマールを付けた年となった。その一つは、東京帝国大学を卒業したこと。その二は、四月に長女・藍生の誕生。

いま一つは、日本国民の義務とされた徴兵検査を受け、甲種合格。当時、満州と呼ばれていた中国東北部に派兵され、酷寒な北満で軍役に服したことである。

大学時代に、教練に出なかった花森は、特別幹部候補生になる資格がなかったので、兵卒からの勤務を余儀なくされた。二等兵を振り出しに、上等兵にまで進級している。

しかし、この階級は、いったん緩急《かんきゅう》があったとき、〝一銭五厘〟の赤紙一枚で召集される消耗品だったわけで、軍用馬は、それ相当額の金を支払って集めなくてはならないのに、兵卒は一銭五厘のはがき一枚で召集できることから、馬以下の扱いを受けた。

この屈辱の思いが、戦後、『暮しの手帖』を発行する一方で、『一銭五厘の旗』を書き、同社の社旗に、ボロ切れを縫い合わせた〝一銭五厘の旗〟を掲げる起点になっている。

激変した昭和の戦中、戦後に生き、花森の世界観、処世観は大きく変わったものの、彼は常に与えられた仕事に対しては、ひたむきであった。

兵卒としての義務もきわめてシリアスな態度で務めた。それ故、結核にかかり傷病軍人となって、病院船で帰国。和歌山の陸軍病院で療養後、除隊していた。

封印された大政翼賛会

花森の人生を見るとき、明らかに負のイメージの濃い大政翼賛会に勤めるのは、除隊後だった。

大政翼賛会とは、そのいかめしい会名でもわかる通り、昭和十五年十月、近衛文麿とその側近たちによって組織された〝臣道実践〟を目的の国民統合組織だった。

花森は、大学新聞時代の先輩の誘いで、この会の宣伝部に勤めるなりゆきになり、国策宣伝に従事しはじめた。太平洋戦争が始まる昭和十六（一九四一）年春である。

十六年から、敗戦の二十（一九四五）年まで勤めた翼賛会時代については、花森は戦後、一貫して口を閉ざしたままだった。が、深い自省をこめて、暮しの手帖社から発行したのが、自著の『一銭五厘の旗』であり、『暮しの手帖』の読者から募ってまとめた『戦時中の暮しの記録』という圧倒感にあふれた生活記録集であった。

大政翼賛会には、戦後、マスコミで華やかに活躍する作家、ジャーナリスト、編集者が多かった。直木賞を受賞する杉森久英、平凡出版（後、マガジンハウス）を創業する岩堀喜之助、清水達夫などだが、杉森久英が花森安治の死去した昭和五十三（一九七八）年の『中央公論』六月号に寄稿した「花森安治における青春と戦争」には、翼賛会時代の花森の姿影が適確に描き出されている。

「大政翼賛会のじめじめした、薄ぎたない廊下で、ときどき会う男があった」という書き出しではじまるその長文の要所を、引用すると次の通りになる。

カーキー色の国民服の胸に、日の丸に羽根がはえて、飛び立ちそうな形を図案化した翼賛会のバッチをつけていたから、職員の一人だろう。（中略）

その男は相当な古顔らしく、物馴れた態度で、いつもいそがしそうに歩きまわっていた。背はそう高くないが、腰に力の入ったややガニ股の足どりで、闊歩しているという感じだった。

頭はグリグリの五分刈りで、目にギョロリとした凄味があり、顎骨の張った頬と、への字にむすんだ口が、その男の意志の強さを物語っていた。浅黒い顔の色が、精悍な感じを漂わせていた。

その男が花森安治といって、宣伝部の部員で、私と同じころ東大の美学美術史科を出た男だということを、私に教えてくれたのは、誰だっただろうか？（中略）

もちろんそのころ私は、花森が例の「あの旗を撃て！」という標語ならびにポスターの作者であることを知らなかったし、「ほしがりません勝つまでは」という標語の作者に擬せられている（ほんとうは、そうではなく、ただそういう標語を懸賞で募集する事務担当者にすぎなかったのだが）とも知らなかったし、まして戦後『暮しの手帖』の編集長として、また女装の評論家として名声をあげるだろうということは知らなかった。

花森が、戦時下のことは話さなかった理由の一つに「あの旗を撃て！」「欲しがりません勝つまでは」あるいは、「足らぬ足らぬは工夫が足らぬ」「ぜいたくは敵だ！」といった一連の標語の選択、ポスターに深くかかわりを持ったことにあった。

杉森久英が、ここで書いているように、標語の作者説も、長い間、一人歩きをしていた。『花森安治の仕事』を書いた酒井寛は、実に入念に、この誤りについて検証している。

酒井は、その労作で、翼賛会時代を知る人をはじめ、昭和十七（一九四二）年十一月十五日の新聞に「大東亜戦争一周年記念、国民決意の標語募集」が発表され、二十七日に「入選発表」があって、つぎの十点が応募三十二万余の中から選ばれた経緯、当時少年で戦後、自らの体験などをもとに書いた『ボクラ少国民シリーズ』など浩瀚《こうかん》な著書を持つ山中恒《ひさし》に会って、標語の作者が花森安治ではないことを明らかにしているのだ。

参考までに、三十二万余の応募の中から選ばれた、十点の標語を並べてみれば、大東亜戦争と呼称された戦時下の日本の緊迫した空気が読めるだろう。

さあ二年目も勝ち抜くぞ
たった今！　笑って散った友もある
ここも戦場だ
頑張れ！　敵も必死だ
すべてを戦争へ
その手ゆるめば戦力にぶる
今日も決戦明日も決戦
理屈言う間に一仕事
「足らぬ足らぬ」は工夫が足らぬ
欲しがりません勝つまでは

花森安治は、これらの標語のポスターを手がけたのは事実だった。当時を知る大島七郎は、その生前、酒井寛のインタビューに次の通りに語っていた。

「なにをやらしても、できる人だった。字が書けるし、絵が描けるし、文章がつくれるし、装丁もする。演説ができるし、歌もうたえる。宝塚の脚本も書いた。なにをやっても水準以上の人なので、びっくりしました」

戦後、娯楽雑誌『平凡』を創刊し、清水達夫と〝二人で一人〟の関係になって、凡人社―平凡出版―マガジンハウスを大成させた岩堀喜之助も、翼賛会時代の花森安治について、次のように語っている。

「彼は職人に徹していた。思想などというものは持ち合わせていなかったけれど、目の前に与えられた仕事の遂行については、人並以上に勤勉で、全力を集中しなければ気のすまない男だった」

岩堀は、さらに花森の勤勉さについて、目の前の電話が鳴っても、取り上げようともしなかった清水達夫と比較して、見事な譬喩《ひゆ》にまぶして、次の通りに語っていた。

「清水さんや僕は、一年も二年もなんにも仕事をしないで、月給をもらっていたけれど、花森という男は何かしないでいられない男だった。よくどこかの家のカミさんで台所へ出て、なにかかにか、ゴショゴショやらないではいられない人がいるものだが、花森はつまり、そういう人だったのだ。なにもすることがないと、糠味噌かなにかを掻きまわしたりしてね。べつに亭主にうまい物を食わせてやろうと思ってやってるんじゃない。自分のたのしみでやっているんだな。花森にしたって、日本が負けちゃ困ると思って、ポスター作ったりしたわけじゃない。何かしないじゃいられないから､やっただけなんだ。やる以上は、チャランポランなことはできない性分で、一生懸命やったけど、べつに天下国家のためとか、東洋平和のためということはないんだ。自分の気のすむようにやっただけで、つまり職人だったのだ」

岩堀喜之助のこの言葉は、花森安治の人となりを、見事に捉えているといえるだろう。

三、大橋鎭子の育った道

婦人誌の先達たち

大橋鎭子から、出版の相談を受けて、花森安治が、婦人をターゲットにした定期刊行物を発行する萌芽《ほうが》は、彼が旧制高校を目ざして、受験勉強をしていた時期だったと見て間違いないだろう。

それに加えて、女性が男性の隷属的な時代に、一廉《ひとかど》の教育を受け、小学校の教師になりながら、不甲斐ない夫を持ったばかりに、六人の子供を産み、内職に精魂を傾けて苦労の連続で、三十八歳の若さで死去した母親の姿が、オーバーラップしてしたこともある。

明治・大正時代に生まれて、苦学力行、名を成した人物を調べてみると、花森の育ちに似たケースが少なくないようだ。

そんな人たちの中に、婦人誌にかかわった出版人では『主婦と生活』を創刊した大島秀一がいる。

大島が婦人誌の創刊を思いたったのは、十人の子供を苦労して育て、報いられることもなく亡くなった母親への深い愛惜の情からであった。彼は、自分の母親に代表される日本女性の地位の低さ、苛酷な労働といったものを、婦人誌を通じて、何とか向上させ、救いたいと念じて、昭和二十一（一九四六）年に創刊していた。

もともと、印刷会社の経営者だった大島の婦人誌着想の根元に、実妹の渡辺常子が『主婦の友』に勤めていたこともある。

『主婦の友』は、大正六（一九一七）年、不世出の出版人・石川武美によって創刊されているが、花森が『暮しの手帖』を創刊し、成功する前までは、日本における婦人誌の大先達だった。

この後に展開される花森・大橋による『暮しの手帖』の独創性と類似性を理解するために、ここで『主婦の友』創刊号の内容を紹介しておきたい。

石川武美は、徒手空拳の身で、読んですぐ家庭生活に役立つ実用に徹した婦人誌を志すが、そのポリシーを端的に示す目次は、次の通りだった。

夫の意気地なしを嘆く妻へ　新渡戸稲造
私の感心した独逸の主婦気質　山脇玄
十五人家内の主婦としての私の日常　安部磯雄夫人こまを

温泉と海浜で神経痛を治す　海老名弾正
お金を上手に遣ふ五つの秘訣　佐治実然

なんといって夫を呼ぶか？／子供が出来ぬといはれた私の出産／新婚の娘に送った母の手紙／表彰された節婦なみ女を訪ふ／良人から若き妻への註文二十ヶ条／安価で建てた便利な家／必ず癒る胃腸病の家庭療法／共稼ぎ月収三十三円の新家庭／女子供にも出来る有利な副業（養蜂の利益）／お女中の心得（お掃除の仕方）／手軽経済料理法／主婦らしきお化粧法／婦人の運命判断／恰好よくて経済的な女児用の学校袴／六十五円で六人家内の生活法／月収八十五円の医学士の家計／薪と炭の経済的使用法／知らねばならぬ主婦の心得／懸賞応募「主婦座右銘」


以上の通りの盛沢山だった。

石川武美は、この目次でもわかるように、医療と経済の二つに力を注いだ。これは人間の二つの不幸が、病気と貧乏にある。それからまぬがれてこそ、家庭の幸せがあるの考えからだった。

その主題を展開させる記事の書き方は、次の通りだった。

『主婦の友』の記事は、筆者に依頼した原稿をそのまま発表することは、ほとんどなかった。その多くは石川が、一記者として訪問して、先方の談話をくり返し質問しながら、納得がゆくまで取材して、これをわかりやすい記事にまとめるようにした。それは小学校卒業程度の学力で理解できるほどの、やさしいものでなければならなかった。

この石川の方針は、その後も長く伝承されてきた。どんな高遠な理論でも、読者に理解されなくては意味がない。記者は読者のために、そのむずかしい理論を、やさしく解きほぐして、舌ざわりのよい読み物に料理してすすめることが必要だ。そのような手腕を、『主婦の友』の記者は強く要請された。

（『主婦の友社の五十年』）

この方針のもとに、石川武美は記者の守らねばならない五つの戒めを訓《おし》えた。

後に展開される花森安治の編集、文章の書き方に低通するものがあると考えるのは、牽強付会《けんきょうふかい》にすぎるだろうか。

北海道との縁

さて、ここで、花森安治と〝二人三脚〟で『暮しの手帖』を創刊し、社長兼一編集部員として、この誌と運命を共にした大橋鎭子の花森とめぐり会うまでの人生を、知る必要がある。

鎭子は、大正九（一九二〇）年三月十日、東京の麹町、今のＪＲ市ケ谷駅近くの榊原病院で生まれている。

父は大橋武雄、母は久子で、父の実家は下町の深川で材木商を営んでいた。線路の下に間隔をおいて敷き並べて線路を支える角材を主に扱っていて、

「枕木には、堅い栗の木が一番よかったのよ……」

と、母が言ったことを、幼ない頃、鎭子は聞いていた。

栗材は堅く、家屋の土台や、鉄道の枕木、荷車などに使われることが多く、その栗の木を主に扱う材木商であれば、商売も文字通り堅かった。

武雄は、この材木商・大橋谷吉、きん夫婦の後継者として育てられた。生まれた家は岐阜県養老郡時村（現大垣市）で、名字帯刀を許された土地では名家であったが、父親が結核で早く亡くなったため、三人兄弟のまんなかだったことから、十歳で祖父の従弟の家に養子にやられ、材木商の跡継ぎとして、大切に育てられた。

深川の小学校から、名門の府中一中に学び、憧れの一高、東京帝大の道が望めたのに、一年先輩だった栃内吉彦に誘われて、札幌の北海道帝国大学予科に進んだ。

栃内は海軍大将の息子だったが、海軍兵学校に進まず、クラーク博士の「少年よ大志を

抱け」の北大に進学し、壮大な北の天地に触れて、その土地柄のよさを手紙に書いて誘ったため、武雄は北海道帝大を選んだのだった。

これが、鎭子の母・宮原久子と結ばれる縁になるのだが、そのあたりについては『「暮しの手帖」とわたし』の「北海道が縁で結ばれた父と母」の件で、次のように書いている。

父は北大を出て東京に帰り、深川に住み、北海道に縁のある日本橋の日本製麻株式会社に入社しました。大正八年四月のことです。

そして、五月に宮原久子と、東京で結婚式を挙げます。

母は京都で生まれましたが、その後小樽に移り、庁立小樽高等女学校を出て、東京、本郷菊坂の女子美術学校に通いました。休みには小樽に帰って、当時、小樽で一番大きい産婦人科の岡本病院に出入りしており、そこで父と知り合い、そのご縁で結婚することになったのでした。

小樽で知られた産婦人科病院で、鎭子の父と母は知り合い、それが縁で結ばれたとの回想には、一見、整合性が足りない感がある。

しかし、北海道から上京して、女子美術学校に通ったという宮原久子は、大正時代の女学生としては、飛んでいる面があったと考えられる。それには、久子の祖父・宮原満吉の新取の気性に触れなくてはならない。

鎭子自身も、この祖父の寵愛を受け、女学校に行かせてもらった恩義と、スケールの大きな人物だったことに言及している。

それによると、祖父宮原満吉は、明治維新の前年、九州小倉藩の小倉城が砲撃を受けている渦中に生まれていて、長じて京都に出て徳富蘇峰、徳富蘆花らと一緒に、勉学に励んでいたという。

蘇峰は、熊本県に生まれ、熊本洋学校から京都の同志社に学んでいるから、鎭子の祖父も同志社に学んだ時期があったのだろうか。

祖父は、社会に出てからは、琵琶湖疏水のインクラインを作る際に、そのスタッフの一員に入っていた様子で、のち広告代理店を起したり、新潟で油田を掘り当てたりして、その財産を持って北海道に渡り、小樽に居を構えるようになった。

小樽で祖父がどんなことをしていたのか、私にはよくわかりませんが、小樽新聞に関係したり、鉱山の仕事をしたり、農場をやったりしていたそうです。かつて小樽の庁立高等女学校の門のところに桜の大木があったそうで、それは、祖父の母のために若木を寄付したもの、と聞いております。

そのころ、北海道に憧れて内地から来た書生さんを何人預かっているかが、その家の力をあらわす、という時代で、いつも五、六人の若い人が家にいて、勉強をしたり、話し合ったり、掃除をしたりしていました。詩人の三木露風さんもその一人とのことでした。

三木露風は、北海道函館のトラピスト修道院に居たことがあり、修道院へ入る前後に、宮原家の書生になっていた時期があったのかも知れない。

鎭子の母方の祖父は、いずれにしろスケールの大きなアクティブな人物だったのだろう。鎭子の生き方に、祖父のDNAは隔世となって、残されていることは間違いない。

幸福だった少女時代

大橋鎭子の骨格をつくった北海道を理解するためには、「えぞ地」と呼ばれた北辺の地が、松浦武四郎の建議にもとづき、「北海道」に改められた明治二（一八六九）年以降の大筋を知る必要があろう。

鎭子の父・武雄が学ぶ北海道帝国大学の前身、札幌農学校が開校したのは、明治九年だった。以下、時系列におもな出来事を記すと次の通りになる。

明治14（一八八一）年　明治天皇、北海道へ巡幸。屯田兵村を視察。

明治40年　札幌農学校、東北帝国大学農科大学となる。

大正7年　東北帝国大学農科大学、独立し北海道帝国大学となる。
大正11年　札幌・函館・小樽・旭川・室蘭・釧路に市制施行。
大正11年　有島武郎、農場開放を宣言
昭和4年　小林多喜二、『蟹工船』を発表
　　　島木健作、転向声明
昭和5年　第三回国勢調査。北海道人口二八一万二、三三五人。
昭和6年　北海道アイヌ協会設立。
昭和7年　小林多喜二逮捕、虐殺される。

鎮子が、父・武雄が学び、母・久子が育った北海道へ渡ったのは、大正十年だった。日本橋に本社をかまえる日本製麻株式会社の小樽に近い小沢の工場長に赴任するために、父は妻と二歳の鎮子を連れて、転勤したのである。

「当時は、夏に白い麻服を着るのが紳士のたしなみとされ、銀座あたりでは、すこしシワのある白い麻服にカンカン帽が、男の夏の正装でした。そんな時代の製麻の仕事は、北海道にとって大事な産業だったのでしょう」

と、鎮子は自伝で述べているが、彼女の父は、小沢の工場長から岩見沢近くの萱野の工場長になったため、萱野へ移ってそこで小学校に入学している。分教場みたいな工場の人たちの小学校だったため、工場長の娘はずいぶん大事にされた。

小学校一年にもなれば、育った土地の記憶が、脳裡に残される。彼女は自伝に、散文詩のように、その記憶を綴っていた。

亜麻は、麦のように、どんどん大きくなります。私の背くらいになると、村の女の人たちが総出で刈り取り、それを束にして、野原に立つように、さばいて乾かします。目のとどく限り亜麻の干された原っぱ。小さいころを思い出すと、この風景が必ず目に浮んできます。


朝、目が覚めると、まっさきに、今日はなにをして遊ぼうか考えます。

今日はタンポポをとって食べよう……

イタドリを探して、軸を取って食べる……

川へ行ってザリガニをとって食べる……

牧場の柵の中に入って遊ぶ……

四つ葉のクローバーを探す……

家の前には、私と同じか、七、八歳までの男の子、女の子七、八人が「遊ぼう」「遊ぼう」と集まってきています。その子どもグループと、野原で一日中遊ぶのです。私はグループの大将・ガキ大将でした。いま思うと、そのころの私の無鉄砲さというか怖いもの知らずが、決心したら何としてでも実行するという、私の性格の土台になっているのかもしれません。

花森安治の賛助を得て、『暮しの手帖』を創刊し、幾多の困難をのりこえて、成功に導いた強靭な性格の原点に、北海道の大地で自然児のように育ち、少女だてらにガキ大将であった体験があったことは、まがうかたない事実であった。

加えて、この幸福な生活から、父が結核にかかったため、いっさいが変わってしまった絶望体験が、鎭子の心に一家の中心となる覚悟を根づかせたと考えられる。

父の療養生活

鎭子の父・武雄が、内浦湾に面した北海道では気候のいい虻田の工場長になったのは、風邪をひいて回復が、いまひとつはかばかしくないからだった。

寒冷の地の北海道でも、虻田は冬は暖かく、温室栽培だったが、カーネーションが栽培されていた。鎭子は、ここに移って初めて広大な海を見た。室蘭から長万部、砂原を経て恵山岬へ至る噴火湾の内浦の海であった。

虻田で、三女の芳子が生まれているが、鎭子の思い出は、社宅の庭に実るさくらんぼであった。

赤く黄色く輝くような、熟したさくらんぼのおいしさは、子ども心にも忘れ難く、「果物屋さんなどないところで、お菓子もないころの私たちにとっては、今の人には想像もできないほどおいしくて、宝物のようなさくらんぼでした」と自伝に綴っている。

蛇田の生活は、父の健康がすぐれなかったために短かった。だが、両親と鎮子、妹二人に加え、ねえや、男の人一人をいれての家中で洞爺湖へ遊びに行ったことが、最高の思い出になった。

洞爺湖は、屈斜路湖、支笏湖につぐ北海道の大湖で、蛇田に近かったので、一家そろって出かけることができた。

鎮子の生涯で、家族おそろいで遊びに出かけた思い出は、「これ一つか、二つぐらいしかありません」と、自伝で記すほど、特筆すべき記念日となったのである。

蛇田へ移ったものの、父の病状は悪くなるばかりだった。軽い咳きこみが次第にはげしくなって、まっ赤な血のかたまりを口からはき出すようになった。

おそれにおそれていた肺結核と診断され、東京に帰って、鎌倉の病院に入院しなければならなくなったのである。

結核は、当時、効果的な治療法として、転地して安静をたもち、栄養補給と医師の監督下でのサナトリウム療法だけであった。空気のきれいな高原や海浜が、サナトリウム療法の適地とされていた。

大正十五年四月、大橋武雄は満七年勤めた日本製麻株式会社を辞めた。病身の父と母、鎭子を頭に、晴子、芳子は、虻田の海岸から家具と共にハシケに乗って、沖に停泊している本船へ向った。

海岸には、製麻会社の社員をはじめ、社宅の人々、鎭子の学友たちが見送ってくれた。一家は、函館で一泊して、翌日、津軽海峡を連絡船で渡り、青森から汽車で一日以上かかって東京・上野に着き、上野から人力車で牛込の祖母の家に着いた。

鎭子は、牛込第一小学校に転校した。東京育ちの父と、東京の美校に学んだ母を持つ彼女は、北海道では垢抜けた存在だった。が、東京の牛込の小学校に入ってみると、服装こそ洋服だったが、母の手作りだったから、なにかいまひとつ馴染まないものがあった。

クラスの雰囲気も北海道とはまったく違っていて、なにか話すと北海道弁がまじり、笑いの対象になった。それにも増して哀しかったのは、勉強がずっとおくれていることだった。

虻田の小学校では、ガキ大将格で勉強もできたのに、東京の牛込小学校では、落ちこぼれに近く、登校拒否の兆候さえ見せはじめた。母は、そんな鎭子を引っぱるようにして、毎朝、学校まで連れて行った。

北海道の大地で育った鎭子に、家がいっぱい連なった東京の町並みは、びっくりすることばかりで、祖母の家の近所の家をのぞいたり、町を走る市電に目を見張ったりしていた。

しかし、牛込の生活は、待望の鎌倉病院へ父が入院することで、鎌倉八幡宮近くの小町に移ることで終った。

鎌倉病院へ入院した武雄には、祖母が付き添いに通っていた。鎮子は小学校二年生だったが、学校から帰ると、晩ご飯の足しになる栄養価の高い、父親の好みの料理を母が作って毎日それを運ぶ役目になった。

母は病院へ行く鎮子に、

「病院でお父さんがなにかくださっても、絶対食べてはいけませんよ。病気がうつるから」

と、必ず言い添えることを忘れなかった。

父は、病気になってから、とてもわがままな、聞きわけのない人柄に変わっていた。当時、結核は不治の病と考えられていた。インテリの武雄には、海辺や高原の清澄な空気以外に治療効果のないことが、わかっていたのだろう。

九歳の鎮子を頭に、六歳の晴子、四歳の芳子の三人を妻に残して、先だたらざるをえない怖れと哀しみにいらだち、わがままなふるまいに陥っていたと考えられる。

悲しい食事の思い出

鎌倉に転地、療養生活に入ったものの、鎮子の父の病状は、一向によくならなかった。

父の従兄弟の黒田正夫とその妻・初子という名の知られた夫妻が、大橋一家の苦境を見かねてこの時、東京で療養するようすすめてくれた。

従兄弟の正夫は、東大を出て理化学研究所で金属の研究をしており、妻の初子は女性登山家の一方、料理研究で知られていた。当時ではめずらしいスーパー・ウーマンであった。

鎭子の母は、黒田夫妻のその提案に対し、「海岸まで七、八丁で、オゾンの吸え、いい病院といい小学校のあるところ」を第一条件に探してもらい、東京湾に面した大井に、適地があると聞き、東海道線に近い高台の東京府下大井鹿島町へ移転した。

鎭子と妹の晴子は、東京でも伝統のある大井第一小学校の三年と一年に編入されることになった。北海道から上京し、最初に転校した牛込第一小学校では、北海道弁を笑われたり、洋服にコンプレックスを感じて、馴染めず悲しい思いをしたものだったが、大井第一小学校では、とても親切にされ、友達はわからないところは教えてくれ、楽しい学校生活に浸れることになった。

上京以来、母の久子は、遅れた学力を回復するため、ひまさえあれば、

「勉強しなさい。勉強しなきゃ」

と言いつづけ、娘二人に、

「ほんとうにうるさいお母さんね」

と、陰口をたたかれていた。

だが、鎭子は成人してから、この頃の母が全治は望めない結核の夫を抱え、三人の娘に手作りの洋服を着せて、勉強を見てくれたことを思うにつけ、その努力に深い感謝のここ

ろを持つようになった。

大井へ移って、ふたたび入院するまで、父の武雄は二階の八畳を病室にあてていた。病人とはいえ、父と一つ屋根の下に暮せる環境は、悲しいながらも、彼女にはうれしかった。だが、肺結核は患者との直接接触によって伝染するものと怖れられていて、当時の医学レベルでは、療法対策は実に限られていた。栄養、サナトリウム、静臥療法がせいぜいだった。

その医学的な遅れが、多くの誤った伝染説を生んだのである。後年、『暮しの手帖』を発行するようになって、同誌に料理記事と医学に関する記事に、大事な位置づけをするのは、鎭子の父親との悲しくも懐かしい食事どきの思い出と、小学校五年生のとき、父を亡くし、葬式を大井の家でした時、葬儀に来た人たちに配ったお弁当が、手つかずのまま近所のゴミ箱に、みんな捨てられていた悲しみの深さからだった。

父との食事の思い出は、自伝の「悲しく懐かしい食事どきの思い出」に、切々と綴られている。


食事は、肺結核の父と一緒にするのですから、「お父さんのお箸をつけたものは、食べてはいけません」と、必ず母は小さな声で厳しく言います。妹たちは何のことかわかりません。お父さんだけには体力をつけるために、お肉や魚などの一品がつくのですが、それを妹たちが欲しがるのです。別々に食事をしたらいいのに、と思われるでしょうが、父にとって、起きて家族そろっての食事はうれしいことだったと思います。いつも一緒でした。

武雄は、幼ない子どもたちに、一品余分に付けられた自分の肉や魚を食べさせたい一心で、自分が箸をつける前に、箸で割ったり、ナイフで切って、少しずつ分けてやる。が、おいしいときは、幼い晴子、芳子は「もっと欲しい」とせがむことになる。

すると、母は夫が箸を付けたおかずから、子どもたちに肺結核が伝染するかも知れない心配——父には子どもたちに食べさせたいとの思いから、子どもを思うあまりの悲しいいさかいがはじまるのだった。

「上手に箸をつけているから、ここを子どもたちにやりなさい」

「せっかく、お父さんの体の滋養になるものだから、召し上がってください」

鎭子の耳に、父母の押し問答は、心に重いトラウマとして残り、それが後年『暮しの手帖』の編集に生かされることになった。

父の死の前後

父・武雄は、鎭子が小学校五年生の昭和五（一九三〇）年十月一日に逝去するが、彼女の父との最後の思い出は、咳をふき取った紙を捨てる枕元に置く紙くず入れだった。

父の叔父で、東京は上野・松坂屋デパート近くでベニヤ板の店を開いていた「松浦のおじさん」夫妻が、病気見舞いに来たとき、下谷西黒門町のうさぎのどら焼きを土産にもらった際の箱――高さ十センチ、幅三十センチ、長さ四十センチぐらいの大きな箱に、鎮子はジャガイモで、バラの花の模様のイモ判を彫り、それを箱にベタベタと押して彩り、父にプレゼントしたのだ。

その紙くず入れの箱は、武雄が亡くなるまで、枕元に置かれていた。

鎮子は、父の臨終に立ち合った。

その日、朝、学校で二時間目のとき、母が、

「お父さんの病気が悪いからすぐ病院に！」

と知らせに来てくれたことで、晴子と芳子も一緒に、新宿は新大久保駅近くの鴻上病院へかけつけたのだった。病院は、当時、肺結核の病院として知られていた。

結核は、戦後の昭和二十五年まで、日本人の死因の一位であった。その二十年前の昭和五年当時は、ほどこす術《すべ》もなく逝く者は群を抜いていたのである。

鎮子は、父との別れの場面――小学校五年生で一家を背負う宿命となった件を、次のように書いている。

病院に着いたのが十一時四十分ごろでした。そのときの病院の風景は、今もはっきり覚えています。窓から柿の木が見えて、赤い実がなっていました。

お父さんのベッドを、祖母、母、私、晴子、芳子で囲んでいました。父は、「鎭子……」と、私の名を呼びました。私は父の枕元に近づきました。父は小さく静かな声で、「お父さんは、みんなが大きくなるまで、生きていたかった、でもそれがダメになってしまった。鎭子は一番大きいのだから、お母さんを助けて、晴子と芳子の面倒をみてあげなさい」

私は、引き受けました、ということを父にわかってもらいたくて、大きな声で、「ハイ、ワカリマシタ」

と答えました。そして、みんな息をのむようなおもいで、父を見守っていました。

すると、母が、「あっ、お父さんが」と大きな声で叫びました。(中略)

お医者さまが急いでこられました。

「ご臨終です」

私は、そのとき泣きませんでした。父に言われたとおり、母や妹を幸せにしなくては、と思ったのです。

鎭子のこの時の覚悟は、その後の人生に見事に生かされることになる。『暮しの手帖』の仕事をするようになって、どうしたらいいかわからない壁につき当った時、つらい、苦しい時には、父の臨終の風景が目に浮んできて、「しっかりしなくては!」と決意をあらたにする習慣が出来あがったのである。

ところで、父が死去した後、遺体は家に連れ戻せなかった。肺結核は恐ろしい伝染病ということで、病院に預けて帰り、その晩、祖母が一人で焼き場について行ってくれた。翌日、大井の家には、東京府から衛生班がやって来て、白い粉の消毒薬を家の中から外にまで撒いたことから、近所の人は怖がって近づかなかった。

鎮子の心に、大きな傷を残す、葬儀参加者に配った弁当放棄事件は、十月五日の大井の家で行った葬式の後に起きた。

この時、母の久子は、喪主を小学校五年の鎮子につとめさせた。いたいけない十一歳の少女には負いかねる仕事だったが、彼女は挨拶に立ち、お河童頭を深々とさげ、参列者の涙を誘った。

この頃から、長女の鎮子を、晴子、芳子の上に立つ一家の大黒柱に立てた母の配慮は、鎮子の人生に、大きな度胸と自信を与えずにはおかなかった。

しかし、参列者に配った弁当が、手つかずのまま、みんな捨てられていたことは、鎮子の生涯を通しての衝撃的な悲しみとなった。

当時は、葬儀に来てくださった方に弁当の折を差し上げるのが習慣だったのです。父はほとんど入院していて家にいなかったのですから、弁当と結核菌はまったく関係なかったのです。

あのときの悲しかったことは、八十年以上たった今も、思い出すと、のどのあたりが痛くなります。それほどに、当時は、肺病は恐れられていたのでした。薬はなんにもなく、それは死につながっていました。

そのことを考えると、人一倍、まわりの人のことを気にしていた母が、肺病の夫と小さい子ども三人をかかえて、どんなにか、つらい日々だったのか、胸が締めつけられます。

オーシー歯磨き

鎮子は、小学校を卒業すると、母方の祖父の援助によって、府立第六高等女学校へ進学できた。

「第六は、勉強そっちのけで、体操ばかりしている……」

と、世間で陰口を言われる健康第一の校風の女学校だった。

丸山丈作校長の教育方針で、体を鍛えることのほか、遅刻を嫌い、一年に六回すると退校処分。定期試験はないが、不意試験がある。

さらに、通信簿や席次もなく、その代り学期末に、受け持ちの教師が、一人々々の生徒を呼び出して、学習態度などを講評するという変った学校だったのだ。

鎮子は、次のように言われた。

「大橋君、風邪を引きすぎるから早く寝なさい。勉強はまああだけれど、もう少しがんばりなさい。お母さんは元気ですか」

鎮子が九十歳を超えても、暮しの手帖社に出社できた健康な体は、第六高女の丸山丈作校長の教育の賜物であった。

彼女は、この女学生時代に「オーシー歯磨き」という歯磨きを起業したことがある。母・久子が歯を悪くし、陸軍第一病院へ通っていたが、医師が軍医で満州へ行くことになったため、

「この歯磨きを使えば、あなたの歯槽膿漏はなんとか防げるでしょう。処方を書いておきますから、自分でこの歯磨きを作りなさい」

と言って、処方箋を書いた紙と、直径二十センチぐらいの白い瀬戸物の乳鉢、乳棒をくれたのである。

鎮子はそれを頼りに、薬用石ケンの粉、グリセリン液、香料のミントを乳鉢で練って歯磨きを作り、使用したところ母の歯槽膿漏は治ってしまった。

学校のクラスで、その体験を話すと、何人かの同級生からの所望があり、分けてやった。それらの一人に、当時、朝日新聞の論説主幹をしていた土岐善麿の娘がいて、

「父が歯槽膿漏だから使ってみたい」

と言うので進呈すると、土岐善麿もよくなったと喜んでくれた。

噂はひろがり、同級生の母親の一人から、

「この練り歯磨きを作って売ったら、歯槽膿漏の人が助かるのでは……」のすすめがあり、女学生の分際で歯磨きの起業を志したのである。資金を、小樽の祖父の家作、深川にあった材木置場の権利などを売って、「今の金額にしたら一千万円ぐらい」用意し、ひとかかえもある大きな瀬戸物の乳鉢、薬用石けん、ミント、グリセリンなどの材料を集め、それを味噌を擂るように練り合わせ、さらにローラーにかける。

ローラーは、直径六十センチ、長さ七十センチほどの円柱で、この石の円柱が二つ並んでいて、ハンドルを回すと、それぞれ違った方向に回って、鉢で練った材料を摺り合わせてキメ細かにしてくれた。

二畳ぐらいの広さが、歯磨き製造所であった。鎮子は、歯磨き誕生までの経緯を、リアルに説明した後で、得意気に次のように筆をすすめている。

歯に擦りつけてみました。ミント、これは薄荷《はっか》ですから、口の中がスーとして、グリセリンの甘みで、すてきな味の歯みがきでした。これをチューブに詰めれば「チューブ入り歯みがき」の誕生です。

これを売り出したら、お金の心配のいらない世界に漕ぎ出せる……大きな船に乗り込んで大海を渡り始めているようでした。私たち一家に幸せが訪れたような思いでした。

十四歳の鎮子の得意や思うべし！

だが、翌日になると詰めたチーブが破裂して、歯磨きは飛び散り失敗したため、瀬戸物なら大丈夫だろうと、浅草の瀬戸物屋に頼んで、なんとか練り歯磨きを完成させた。

その容器にマークも入れたいと、鎮子は母と相談して、大橋のOと鎮子のCをとって、「オーシー歯みがき」と商品名を決め、容器の底にOとCを組み合わせたマークも入れた。

念願の歯磨きは出来たものの、販売方法はまったく考えていなかった。それに加えて、資金提供を約束し、励ましてくれた同級生の一家に困ったことが起き、歯磨き製造計画はダメになってしまった。

容器や材料を山ほど用意した手前、ときどき作っては、注文に応じて朝日新聞社へ土岐善麿を訪ね、土岐の紹介で緒方竹虎、鈴木文史朗などに買ってもらった。

その一方で、美容院で売ってもらおうと、何軒か訪ねて回ったが、まったく売れなかった。「オーシー歯みがき」は見事な失敗となった。

四、鎭子の巣立ち

興銀調査課勤務

日支事変と呼ばれた日中戦争のはじまる昭和十二（一九三七）年三月、鎭子は第六高等女学校を卒業した。

昭和六年に勃発した満州事変に連係する十五年戦争の渦中にあって、女学生のすすむ道は限られていた。

鎭子は、勤めをして家を助けようと、就職することにした。進学組は女子高等師範学校、杉野芳子ドレスメーカー、麹町の家政学院へ行くか、第六高女の同窓会が主催する洋裁を教えるワカバ会へ行くかで、過半はお嫁に行くのが当たり前の時代だった。

就職を学校が斡旋しないので、鎭子は、父の東京療養の際に世話になった父の従兄弟、黒田正夫の紹介で、日本興行銀行を受けた。

十人ほどの女性が、一人ずつ面接試験を受け、鎮子は興銀の調査課に入ることができた。調査課の仕事は、日本や世界の産業や経済の動きを知るためのいろんな調査や、そのための資料や図書の購入と整理。そして調査月報の編集だった。

この調査月報の編集が、「のちの『暮しの手帖』の創刊に糸のようにつながっている」と彼女は言い「もし調査課で調査月報の手伝いをしていなかったら、『暮しの手帖』は生まれてこなかったかもしれません」と述べている。

興銀調査課で、鎮子に与えられた仕事の一つに、新聞の切り抜きがあった。

出勤すると、朝八時ごろから工藤昭四郎調査課長（のちの東京都民銀行頭取）が、朝日、東京日日（現毎日）、読売、中外商業新報（現日経）、日刊工業の各新聞にさっと目を通し、その中から興銀の重役なら読んでおかなければならない記事に印をつけていく。

鎮子は、その印のついた記事を切り抜いて紙に貼り、日付、新聞紙名を記入。それを毎日六人分の重役数だけ十時までに仕上げる。

ある日、上司が病気で休んだため、満州・中国の経済要録を、その日のうちに出さねばならなくなって、大橋鎮子にまとめる指示が下った。

彼女は、その緊急事態に考えついたのは、新聞に出ている回数の多い記事が一番のニュースだから、多い順にすればいいと思い、満州と中国に関連する記事を全部切り抜いた上で、多い順に記事を貼って提出した。

この新聞の切り抜きは、順序もちゃんとしていて、わかりやすいと大好評で、高等女学校出の鎮子の存在は一躍認められた。

調査課には、他に本の購入と、その本を整理しておく図書館の管理の仕事があった。書店が、興銀の人たちの仕事に関係ありそうな政治や経済関係の見本を持って来ると、課員はそれらの本に目を通し、購入を決め、本が届くと分類してカードを作り、図書館の棚に収納する。

新刊に接せられる部署は、自ら世界の動向に敏感になれるわけだが、いま一つ、課長の工藤昭四郎が昼食の後に、女性を集めて、その日の新聞に出ていたことで、女性でも知っておかなければならないことを、三十分ほど丁寧にレクチャーしてくれることだった。

世の風潮が、戦争一辺倒に動いているとき、工藤の女性でも知らねばならない情勢の講義は、たいへん有難いことだった。

調査課の女性の先輩の中には、

「私たちは女学校を出ただけだから、学問が足りない。もっと勉強をしなければ」

と言って、折を見て図書館に集まり、話し合っている人たちもいた。

鎮子は、先輩のその言葉に啓発される一方、このまま、銀行の調査課にいて縁があったら結婚して、家庭に入るという流れに疑問を持ち、思い切って女子大への向学心を高めた。

向学心を抑え難くなった鎮子は、三年勤めた興銀を辞め、日本女子大家政科二類に進学することにした。

女子大生活は楽しく、前途に大きな希望を抱かせるものだった。が、五月、六月と過ぎた時、一年前に引いた風邪が抜けきれないままで、体に、異和感があり、ある日、咳をして、チリ紙に痰を吐くと、毛すじのように血がまじっていて衝撃を受けた。

一瞬、長くわずらった後に死去した父親のことが脳裡を掠《かす》め、状態を聞いた母が大変だと大騒ぎをしはじめたのである。

十年前の夫の肺結核が、トラウマになっていて、その悪い思い出が母の想念を閉ざしてしまったのであろう。

幸い学校は夏休みになったので、父のかかっていた近くの病院から薬をもらい、それを持って、父が一時、療養していた空気のいい岐阜県養老郡時村の祖母の家に行って、休養することにした。

九月に入って学校に行きはじめたが、鎭子の咳はおさまらず微熱は下らなかった。はたでみるかぎり、父・武雄の肺結核の病状とそっくりであった。母は、せっかく女子大に入れたのに、このまま鎭子の病状がすすんだら、夫の二の舞になるだろうの恐れに、

「お父さんのようになったら、どうするの……」

と泣いて、無理することを諌めるのだった。

鎭子は、我を忘れた母の説得に折れて、女子大を中退し、療養につとめる決意をした。

そのとき、父を大事にしたように、わが子・鎭子をひたむきに大切にしてくれるこの母を「丈夫になってなんとか幸せにしなければ」の強い思いに、駆られるのだった。

日本読書新聞へ

鎮子は、日本女子大を中退した昭和十六（一九四一）年の春、日本読書新聞で女性を募集していることを知り、面接を受けに行った。

前歴が日本興業銀行で、調査課勤務だったことと、その仕事について説明すると、

「明日から来て下さい」

と言われ、翌日から神田は水道橋駅近くの日本読書新聞に勤めることになった。

しばらく通勤すると、銀座の日本出版文化協会の秘書室に転勤を命じられた。同会の会長は公爵の鷹司信輔で、その下に朝日新聞の飯島幡司、関西財界の田中四郎が支えていた。日本出版文化協会は、昭和十五年の秋に組織されたもので、内閣情報局の下で出版物の統制、検閲の強化をすすめる部署だった。

東洋平和を声高く叫びながら、その逆を行く戦争国家に、批判的な論調を洩らす人士やマスコミに、きびしく眼を光らす部署であった。

その方便として、出版社に本を発行するとき、著者の原稿を、まず出版文化協会に提出させるように義務づけた。

そして、文化、理科系などの各分科会が、原稿を読んで、「これはいい内容だから、出

版社の希望する部数五千部を許可する」とか、「これは本筋から外れているので部数を減らす」といった用紙統制をする。

出版社はその用紙の割当表を、印刷所に渡すことで、製紙会社から用紙をもらい、印刷・製本して、本を市場に出すことが出来た。

むろん、内閣情報局の意に沿わない本は出版できないわけで、時局認識の稀薄な著者には、執筆禁止の命令を下すことができた。

新聞、出版関係者に、なによりも怖れられたのは、統制によって紙の配給をおさえられることだった。

執筆禁止の基準は、情報局の軍人のまったく気まぐれとしか思われないチャランポランさで決められた。

中島健蔵は『昭和時代』に、日本出版文化協会の元締めだった内閣情報局について、次の通りに書いている。


内閣情報局は、公然たる文化統制の中心であった。後には、執筆禁止の内命を下すほどになったが、まず編集者を発禁でおどかす。おどかされた編集者たちは弱って、情報局の軍人に会う会合を開いたことがあった。わたくしもその会に出た。丹羽文雄が、むやみににらまれている。

そのころは、左翼の作家はもう問題ではなくなっていた。徳永直のように、『太陽のない街』をみずから絶版にして抹殺するほか、書きつづける道のない作家も出た。その軍人にむかって、丹羽の何という作品を読んだのか、と聞くと、「あんなけがらわしいものは一つも読んでおらん」という。

「では、丹羽に会ったのか」と聞くと、「けがらわしい、会えるか」という。おさえにおさえていたが、たまりかねた。顔から血が引いて、口のはたが引きつって来るのが自分にもわかった。「読みもしないし会いもしないで、いかんというのは乱暴だろう」と、やっとことばが口から出た。軍人は、攻撃を受けて、意外そうにこちらの顔をのぞきこみながら、口先では、「ほう、おもしろいことをいうのォ」とぬかした。思い出しても胸が悪くなる。

戦後、『文藝春秋』を国民雑誌の評価を受けるほどに躍進させ、花森安治の親友になる池島信平も、この頃総合雑誌の編集者の会合があった折、ある骨太な編集長が軍を批判するようなことを言ったとき、同席していた鈴木庫三という少佐が、顔を真っ赤にして、「なにをいうか。お前はこの聖戦を否定するのか。キサマのような奴は切り捨てる！」と、軍刀を手にかけたのを目のあたりに見ていた。

もの書きにとって、執筆禁止は〝死〟を意味していた。出版社、編集者にとっては「発禁！」の恫喝だった。池島は、当時の状況をこう述べている。

雑誌に対する外部的な圧力といえば「検閲」である。だいたい事業体への圧力といえば、金融的な圧力が一番いたいが、出版社というものは金融的に初めから問題にされていないから、これはたいしたことはない。それよりも統制時代に入って用紙の面で圧迫される方がコタえる。（中略）紙でイヤガラセをして、それから奥の手を出す。「雑誌をツブすに刃物はいらぬ」検閲を強化して、発禁をつぎつぎとあびせかければ、経済的に参ってしまう。左翼雑誌をつぶしたのは、この方法であり、一般の雑誌を為政者の意のままにすることが出来たのも、この検閲というハサミであった。

朝鮮の人への配慮

日本読書新聞は、この出版文化協会の機関紙となり、編集室はその後、主婦之友社が所有していたお茶の水の薩摩屋敷に移った。

この豪邸は、フランスで祖父が築いた財産を湯水のごとく使い、パリに日本館を寄贈した薩摩治郎八が、フランスの小さな宮殿《シャトー》を模して作った、夢のような建物だった。

庭には、天女二人が水がめを支えていて、莫大な遺産を一代で灰燼《かいじん》と化したバロン薩摩にして実現できた邸宅だった。その一室が、日本読書新聞の編集室になったわけで、鎮子はこの縁で後ほどに『暮しの手帖』二十八号から六回にわたって、薩摩に、「ぶどう酒物語」

「香水物語」を書いてもらう巡り合せになる。

鎭子は、読書新聞に入り、それから出版文化協会に移った年の十二月八日、太平洋戦争が始まった。その朝、彼女は宣戦布告の放送を聞きながら、緊張して銀座の出版文化協会に出勤したことを、鮮明におぼえていた。

いま一つ、言論の統制機関になった出版文化協会がらみの、不快な事件を忘れることができなかった。


後で聞いたことですが、それまでの出版文化協会の人たちは、どちらかというと平和、自由主義、戦争のきらいな人が多い、私もそう思っていました。

ですから、戦意を高揚するような内容の本を企画する出版社はほとんどなかったのです。ただ、アンドレ・モーロアの「フランス敗れたり」が大観堂書店から出版され、ベストセラーになりましたが、戦争に関係した本はほとんど出ませんでした。

しかし「出版会事件」が起こり、今まで中心だった鷹司、飯島、田中さんらが辞められ、新しく久富達夫さん、八並璉一さんらが中心になり、すっかり陣容が変わりました。そして日本出版文化協会は、日本出版会と名前を変えて、銀座から神田神保町の冨山房の建物に移りました。そして私は日本読書新聞に帰りました。

日本読書新聞は、その頃、お茶の水のニコライ堂近くにあった日本出版配給会社の二階に寄留していて、さらに昭和十九年になるとお茶の水の順天堂医院先の文化アパートに移り、敗戦はここで迎えた。

敗戦の年は「日本人にとって大変な年になりました。私の一生も決まった年です」と鎭子は自伝に書き、読書新聞における仕事を、次のように書いている。

読書新聞では田所編集長のもと、編集会議でプランを決め、行動。原稿依頼、原稿書き、入稿、校正、印刷、発送が仕事でした。私たち女の人は、編集もやりましたが、新聞の発送も大事な仕事でした。文化アパート一階のロビーでの発送でした。

発送の前の日に飯田橋あたりに住んでいるおばさん三、四人に声をかけ、発送の仕事を頼みます。宛名を書いた帯封を掛け、大八車に積んで、本郷郵便局に運びました。

発送のアルバイトの中に、十七、八歳の朝鮮の人もいました。いつもいっしょうけんめいに働いてくれました。

朝鮮は、当時日本の植民地になっていて、彼らに対する人種差別はひどかった。ところが、読書新聞の発送アルバイトで働くこの朝鮮の人は、戦争末期に朝鮮へ帰ることになった。この時、鎭子が彼に行った気配りは、見上げたものだった。

食べるものもないとき、彼の朝鮮までの長旅を考えて、母に相談したところ、「お米はまだ少しあるから、朝鮮までのおにぎりを作ってあげたら」

と、貴重品の米でおにぎりを作るよう言ってくれた。

鎭子もそう考えていたのだが、言い出せずにいたので、母から言われ、彼女はすぐ食べる分、五、六個はそのまま握り、あと十個くらいは焼きおにぎりにして、出立の日に渡したのである。

半島人、とひどい差別にさらされていた青年に、貴重品の米で十数個のおにぎりを作って、出立の日に渡す……。鎭子が母とこのようなことを行ったのは、路傍《ろぼう》で摘んだ野草の中に、パラパラと米を落として煮た雑炊で、飢えをしのいでいた敗戦前夜、小学校五年生で父を失い、母方の祖父の援助で女学校へ進学したものの、こづかいもなく、クラスメイトがレストランへ入って食事をしたとき、彼女は口実をもうけて外で待っていたつらい体験があったからだ。

その悲しい思い出が、真面目な朝鮮の人への配慮の伏流になっていたのだろう。

鎭子から思いもかけない食べものを贈られた彼は、とてもうれしそうに、

「帰ったら、タラコを送るよ」

と言って別れていった。

その三カ月ほど後、直径二十センチ、高さ二十五センチくらいの小さな樽に、当時、容易に手に入らないタラコをぎっしり詰めて、朝鮮から送って来た。

郵便の宛名は、「日本・東京・品川・大橋鎭子」となっていたが、貴重な荷物は無事に届いて、朝鮮青年の約束は、立派にはたされたのである。

川端康成の原稿

鎮子にとって、読書新聞時代の忘れ難い思い出に『伊豆の踊り子』『雪国』など、珠玉のような小説で知られた川端康成の原稿をもらったことがある。

復刊第一号の編集会議で、再スタートを意味づける、誰かすばらしい人の原稿を入れたいということになり、川端康成に白羽の矢が立った。

原稿依頼の大役を仰せつかったのが、鎮子であった。作家は、鎌倉の二階堂は大塔宮の近くに住んでいて、かつて鎮子が通った小学校のところだった。

鎮子は、その思い出の地に、大きな期待と大きな責任を背負って出向いていった。

川端邸はすぐわかって、玄関に立ち、

「ごめんください」「ごめんください」

と何度も声をかけると、小柄で痩身の川端康成自身が、フクロウのような眼を光らせて出て来た。鎮子は、大作家の射るようなその眼光に負けまいと、

「私は日本読書新聞社の大橋鎮子と申します。こんど日本読書新聞を復刊することになりまして、その第一号に先生のお原稿をいただきたくて、お願いに参りました。長さは四百字詰原稿用紙三枚でございます」

と一気に言うと、

「わかりました。書いてあげましょう」

の一言を淡々と口にしてくれた。

この作家は、引受けてくれても、原稿を受取るまでが大変なことで有名だった。東京から鎌倉まで、交通が難渋していた戦前、戦後の混乱期に、半日がかりで数回通って、やっと受け取れるケースが常態と、言われていた。

それを知らばこそ、鎮子は「うれしくて、うれしくて、飛ぶような思い」で東京に戻り、田所編集長ははじめ、編集部の皆に報告して幸先のいい初陣を喜びあった。

約束の日、彼女は鎌倉駅からスキップ気分で川端に向った。ところが……。


先生が玄関に出ていらっしゃいました。

「まだできていない。五日あとに来てください」とおっしゃいます。

その日が来て、また鎌倉に伺いました。その日もいただけませんでした。次の日を約束してくださいましたが、その日もいただけず、五日目に伺うとき、今日いただけなかったら、もうダメだろうと思いました。

玄関に出ていらした先生がやっぱり「大橋君、まだできていない」とおっしゃいました。

私は先生のお顔を見ているうちに、突然、涙が溢れてしまいました。先生はその涙を見て、びっくりなさったのでしょう。

「書いてあげる、書いてあげる」とおっしゃって、先生のお机の前に座らせてくださいました。

鎮子は、大作家の執筆に苦闘する姿を、目の前で見ることになったわけだが、川端は少し書いては破り捨て、またちょっと書いては破り捨てて、机のまわりには破られた原稿用紙が散乱した。

その壮絶な執筆する姿を見て、鎮子はその場に座っていていいのかと気にしながら、三枚の原稿に二時間近く苦闘する大作家のペンを持つきゃしゃな手を見つめていた。

『暮しの手帖』創刊号に、川端の掌小説の「足袋」を掲載できたのも、鎮子の読書新聞でのこの受難があったからだった。

花森は、偶然にも、鎮子がやっと書き上がった川端康成の三枚の原稿を抱えて、飛ぶように、鼻緒の切れた下駄を持ち、片方はタビハダシ、片方は下駄という姿で、ガタガタペタペタと走って、文化アパートの編集部へ走る姿を見ていた。

後日、花森は鎮子に、

「君には驚いたよ。駅の近くで、しゃがみこんでいるのを見たので、声をかけようとした瞬間、君はガタペタ　ガタペタと走っていってしまった。なんという女の子だろうと呆れてしまった。

編集部に来てみたら、川端康成の原稿を編集長に早く見せたいために、とわかって、納得がいった。あのとき日本読書新聞に、川端康成の原稿が載るなんて、特ダネ中の特ダネなんだ」と言った。

花森に、「出版の仕事をしたい」と相談したとき、すぐに受けてくれたのは、「偶然にも川端康成の原稿を編集部に持ち帰った現場に、居合わせたことが、大きかったかもしれない」と、鎭子は自伝に書いている。

五、〝二人三脚〟のスタート

スタイルブックの刊行

さて、「鎭子の母親孝行を助けよう」と、鎭子の申し出を引き受けた花森から、

「大橋君、君に話しておきたいことがあるから、帰りに三十分ぐらい、いいかい」

と言われて、読書新聞のあった文化アパートを出て、ニコライ堂の下の小さな喫茶店へ行ったのは、花森に出版の仕事を打ち明け、協力を仰いだ数日後だった。

喫茶店へ入って席につくと、花森はまず、

「君はどんな本を作りたいか、まだぼくは知らないが、ひとつ約束してほしいことがある。それは、もう二度とこんな恐ろしい戦争をしないような世の中にしていくためのものを作りたいということだ」

と言って、一息おいた後、

「戦争は恐ろしい。なんでもない人たちを巻きこんで、末は死までに追い込んでしまう。戦争に反対しなくてはいけない。君はそのことがわかるか……」

と、鎭子の眼をのぞき込むようにして言い、続けて花森が後に『一銭五厘の旗』で怒りを込めて書く論旨の概観を想わせることを、語ったのだった。

花森は、このとき、

「君も知ってのとおり、国は軍国主義一色になり、誰もかれも、なだれをうって戦争に突っ込んでいったのは、ひとりひとりが、自分の暮らしを大切にしなかったからだと思う。もしみんなに、あったかい家庭があったなら、戦争にならなかったと思う……」

といった意味のことを、わかりやすい、くだいた言葉で言った。

鎭子は、きっぱりと、

「わかります」

と答えると、

「よし！」

と出版計画に賛成し、二十五歳になって独身でいる鎭子に、意外なことを聞いてきた。

「君は、結婚をどう考えているのか」

「仕事をしたいので、結婚はしません」

反射的に答える彼女に、花森は鋭い視線を向けて、

「約束するか」

と念を押した。

「はい」

と返事をしたが、新しい仕事に心は占められていて、正直、結婚は眼中になかった。母も自分の経験に照らして、「結婚で不幸になることもある。しないほうがいい」とも言っていた。周囲を見めぐらしたとき、女学校の級友の中に、戦争未亡人になった者もいた。ごく身近にも、鎮子が出版をはじめるに当って、女学校時代に親しかった中野家子に連絡すると、家子の夫は結婚半年で召集され、戦死していた。

花森は、二人三脚で走ることになる鎮子に、結婚の意志がないと知ると、力強く言った。

「なるべく早くやりはじめよう」

鎮子の心に、その時、芽ばえかかっていたのは、次のような定期刊行物だった。

女性に役立つ雑誌
暮らしが少しでも楽しく、豊かな気分になる雑誌
なるたけ具体的に、衣・食・住について取り上げる雑誌

方針はこのようなものだったが、敗戦直後で衣・食・住を取り上げ、暮しが少しでも豊かに……と願っても、国破れて山河だけが残った日本は、衣類も食糧も住宅事情も逼迫していた。

いちばん肝心な食べものなどはすべて配給制で、それも芋や小麦粉などの代用品が中心となっていた。皇居前広場で食糧危機突破人民大会が開かれたのは、敗戦の翌二十一年だったか。

そのときのプラカードに、不敬罪で起訴される次のような一文があった。

詔書
国体はゴジされたぞ
朕はタラフク食っているぞ
ナンジ人民飢えて死ね
ギョメイギョジ

録音で三回、食糧難克服について、天皇の放送があったのも、当時のことだった。

東京では、昭和二十一（一九四六）年、米と麦の配給は一ヵ月に二、三日という最悪の状態だった。こんな状態の時に、料理の記事も住宅の記事も書きようがない。

ただ、「衣」については、花森に構想があるようだった。

鎮子は母と、妹の晴子、芳子に、田所の紹介で花森という人と知り合い、その人の応援で女の人に役立つ本を出版する旨を伝え、

「みんなで手伝ってね」

と、賛助を率直にお願いした。

母と二人の妹は、喜んで協力すると言い、明けて正月に、家へ花森を招いて、具体的な計画を話し合った。

花森はその時、

「これから作る出版物は、日本中に売るものです。発行所は銀座がいい。君たちは、まず銀座に事務所を持つことを考えなさい」

と、二十代の女性には負いかねる問題を提起した。鎮子のすぐ下の妹・晴子が、その時丸の内の保険会社に勤めていたので、昼休みと帰りの時間に、銀座一丁目から八丁目にかけて、一軒々々を訪ね、

「お部屋を貸してくださいませんか。お借りできるお部屋はありませんか」

とたずねて回ったのである。

敗戦直後で、日本のメインストリートでも人の居ないビルはあった。何日かかかって探しているうちに、貸してくれそうなビルに行き当った。

銀座西八丁目の新橋の川沿いの三階建ての日吉ビルだった。レンガ作りの地味なそのビルの三階に、八坪ほどの空部屋があって、借りられそうな感触だった。

建物の主を調べてみると、鎮子一家が住む大井・鹿島町の名川啓太郎という代議士のビルとわかり、隣組のよしみもあって、とんとんと話はまとまった。

花森の志す「全国に売る出版物の発行所は、銀座でなくては」の関門を、まずクリアし

たのである。

「直線裁ち」の発想

花森安治を核に、鎮子、晴子、芳子の三人姉妹と、知人の横山啓一（のち晴子と結婚）の五人で、船出することになった。

会社は「衣裳研究所」という、およそ出版社にそぐわない名称に決め、スタイルブックを出すことに決まった。全十八ページのスタイルブックは、デザインからスタイル画、型紙、表紙から裏表紙にいたるまで、花森安治ひとりで書き、第一号は昭和二十一（一九四六）年五月三十一日に発行された。

東京朝日新聞の第一面の下に、小さな出版広告が出されたが、その文面は次のようなものだった。

「たとへ一枚の新しい生地がなくても、あなたは美しくなれる／スタイルブック　定価十二圓送料五〇銭／少ししか作れません　前金豫約で確保下さい」

発売当日になると、衣裳研究所が入居する日吉ビルの前には、若い女性の長蛇の列ができた。それにも増してうれしかったのは、予約申込みの郵便為替が、京橋郵便局の赤い袋に入って、連日ドサッと届いたことだった。鎮子は、知人、友人を動員して、毎日、封筒から郵便為替を抜き取ることに大童だった。

大当りになった『スタイルブック』は、秋には「しゃれた外出着」として〝上っぱり〟を紹介し、翌二十二年夏には、「自分で作れる下着と運動着」「春から初夏のブラウスアルバム・80種」と、三か月に一冊発行していった。

花森のデザインに使われる布地は、いずれも箪笥の肥やしか、行李《こうり》の中に眠っているキモノであった。生地は、もめんでも、銘仙でも、麻でもいいわけだった。

スタイルブックには、物資不足で泣く女性の目からウロコが落ちる、大胆な提案が書かれていた。

あなたの箪笥の中や、疎開してあった行李の中などに、きっと眠ってゐる何枚かのきもの、それをほどけば、もう立派な服地を、あなたはもってゐるのです。これは洋服地、あれはきもの地と区別して考へることは、もともとをかしいことです。

敗戦直後の当時、焼け残りのきもの地で洋服を作るという発想は、「常識」を「非常識」に一変させた生活思想の持ち主、花森によってもたらされたものだった。

花森は、きもの地から洋服にデザインするに当って、「直線裁ち」という洋裁を知らない女性にも、簡単に作れて着やすい、しかも死蔵品を再生させる文字通りのサバイバル商法を編み出したのである。

『スタイルブック』第一号で大当りをした花森安治は、四季ごとにテーマを変えて、スタイルブックを発行していくが、二十二年になると、同工異曲の類書が街の本屋に並び、売れゆきは目に見えて落ちていった。

スタイルブックと並行して『あなたのイニシアル』『花の図案集』『自分で作れるアクセサリー』『家中みんなの下着』と、表紙に「デザイン・花森安治」と入れて刊行したが、『家中みんなの下着』が売れた以外は、不振に終った。『暮しの手帖』の原点になる『働く人のスタイルブック』を出したのは、二十二年十月だった。

敗戦の日から二年余を経過し、女性の社会進出は顕著になっていた。その趨勢《すうせい》を読んで〝働く人こそ美しくなる権利がある〟のキャッチフレーズを掲げて、刊行したのだったが、この特集本はちっとも売れなかった。

花森は、この目録見はずれに落胆した。

この時の心境を、三年後の『週刊朝日』に、次のように語っている。

日本の女は保守的だなァ。本当に歯がゆくなる位。働く人こそ、美しくなる権利がある。僕はこう思って、働く人のスタイルブックを出したら働く女の人は、気分的には嫁さん扱いしてもらいたいらしくてさっぱりダメ。かえってうちで出したつまらぬスタイルブックの方だけが売れるのだ。そして一年たったころになって、やっと前の〈働く人のスタイルブック〉が出始めているという始末。

雑誌『暮しの手帖』は、この「働く人のスタイルブック」失敗の後に、隔月刊誌の形で登場することになった。

鎮子は、記念すべき『暮しの手帖』船出の件を、自伝の「これはあなたの手帖です」の項で、次のように書いている。

昭和二十三年になりました。

「新しい雑誌を作りましょう」と、一声をあげました。

「やろう、やろう」と花森さん。

『暮しの手帖』創刊号の火がここに灯されたのでした。創刊号の目次に載っている七人、花森安治、大橋鎮子、中野家子、横山晴子、大橋芳子、清水洋子、横山啓一で始ります。

「毎日の暮らしに役に立ち、暮らしが明るく、楽しくなるものを、ていねいに」。初心に戻ったのです。これまで、私たちは着物をほどいて、直線裁ちにして、ふだん着る服を作ることを中心にやってきたのですから、それに、食、住、そして随筆を加えて内容を充実していこうということになりました。隔月刊で年六冊の予定でした。

昭和二十三年のその頃、占領軍の軍政下にあった出版界は、戦犯出版社の追放が決定されて、七十八社が追放該当、二百十七人の出版関係者、三百三十五人の執筆者らがパージになっていた。
しかし、出版業者は激増し、日本出版協会会員数は三千五百六十六社。その他に日本自由出版協会会員数約二百社（『岩波書店五十年』）にも上った。
その一方で、戦後まっ先に総合雑誌『新生』を発行し、作家を待合や料亭に招いて大盤振舞いをした新生社が、派手な話題をふりまいてつぶれていた。出版界の不況の兆は、前年の春あたりから見えていたもので、『日本出版年鑑』昭和二十二・二十三年版には、次のように記されている。

五月を中心としたインフレの急ピッチは、読書階級の購買力を減退せしめ、新聞紙上では「返品の山積」と称する出版界の不安時代を招来した。しかしこの不振時期も九月以降には良書主義となり（中略）発行所は建部数を減少して返品危険の限度を発行点数によってカバーするようになった。

出版物の売行きは八月にはいって完全に頭打ちとなった。返品率は日に増大し、夏枯れの頃は日配の倉庫に三〇〇〇万冊の返品が山をなす現象を呈し、出版景気は急速に下降し始めた。

“二人三脚”のスタート

年末には用紙難、金融難も手つだって、脱落、身売りの噂もぼつぼつ出るに至った。

『暮しの手帖』は、出版界のこうした背景の中で、色とりどりの端切れをつぎ合わせた旗をかかげて、出版の荒海の中へ出帆した。

物がなにもなかった当時、ちょっとした工夫や思いつきで、暮しに役立つようなことを念頭に入れた〝花森式雑誌づくり〟がはじまったのである。

六、ごまかしのない職人編集

豪華な執筆陣

『暮しの手帖』創刊号は、全九十六ページであった。

写真が入っているのは巻頭の八ページで、「可愛い小もの入れ」「直線裁ちのデザイン」「ブラジァのパットの作り方」「自分で結える髪」という、いま、すぐに役立つ内容につらぬかれていた。

写真ページは、ぜんぶ読者が自分の手で作るものを載せていた。編集した側は、アイデアから作った人、そのモデルになっているのも、大橋鎮子や中野家子、妹の芳子だった。

「可愛い小もの入れ」は、鎮子が考えたアイデアであり、それを家子が縫っていた。

「直線裁ち」のモデルになっているのは鎮子。

「自分で結える髪」で、髪を結って写真に写っているのは、妹の芳子だった。

当時、婦人誌でモデルになるのは、有名スターか、名家の令嬢というのが常識だった。新しい婦人誌を標榜する『暮しの手帖』は、この点で、まず、違っていたのである。アイデアを出すのは、花森を中心に社員のすべて、そのアイデアのデザイン、制作モデルになるのも彼らだった。

当然、御大《おんたい》の花森は、表紙の絵からはじまって、紙面の各所に登場していた。が、花森の名前を並べていったら、著名人のエッセイ以外は、御大のオンパレードになる恐れがあった。

この点を、当人はどう処理したのか。

まず、写真ページのトップ「可愛い小もの入れ」の作者は、「草加やす子」名になっていた。本文には、「場所をふさがないので、狭い部屋には、とても重宝してゐます。(中略)生地は、妹の持ってゐた野暮ったいガラ紡で作りました。吊す竹は古いハタキの柄です」とあり、提案者の身分は「主婦」と書かれていた。

ところが、草加やす子は、花森の「花」を「草」に変え、「やすじ」を「やす子」に変えた御大の変名だった。こうでもしないと、目次は表紙画からはじまって、装画、服飾の読本と、花森の名前のオンパレードになっただろう。

それでも、名前は、次の六つもあった。

直線裁ちのデザイン

シンメトリイではないデザイン
自分で作れるアクセサリー
服飾の読本
表紙
装画

誌名は、まがうことなく花森がつけていた。

創刊号が「美しい暮しの手帖」となったのは、創刊準備の段階で、取次会社に新しい婦人誌を創刊する旨を伝えて、『暮しの手帖』と誌名を言ったところ、開口一番、「暮しでは暗すぎる」といわれ、さらに「美人の顔が表紙でなければ、地味で売れない」と、ルーチン・ワークの言葉を投げつけられた。

それで、窮余の一策に、『暮しの手帖』の右側の上に「美しい」という文字を添えたのだった。

しかし、花森は「美しい」に対し、れっきとした考えをもっていた。

創刊号の「自分で作れるアクセサリー」の一文に、それは鮮明に宣言されていた。

美しいものは、いつの世でも

お金やヒマとは関係がない
みがかれた感覚と、まいにち
の暮しへの、しっかりした眼
と、そして絶えず努力する手
だけが、一番うつくしいもの
を、いつも作り上げる

創刊号に原稿を依頼する執筆者も、花森がほとんど一人で決めた。佐多稲子、小堀杏奴、扇谷正造、中里恒子、兼常清佐、森田たま、田宮虎彦、片山廣子、川端康成、坂西志保、土岐善麿、和田実枝子、山本嘉次郎、川島四郎、中原淳一、戸板康二、吉田謙吉、中村敏郎、牛山喜久子、杉野定子、根本進、藤城清治など。他に大橋鎭子の名前や「直線裁ち」に花森の変名、草加やす子の名前も並んでいた。

この顔ぶれでわかるように、執筆者は、学者、研究者、作家、映画監督、エッセイスト、画家、マスコミ人と多岐にわたった。

が、書いてもらったのは、執筆者の専門の分野ではなく、彼らの「暮し」についてであった。

原稿依頼に廻ったのは、大橋鎭子と妹の芳子がほとんどだった。

敗戦から日の浅い当時、電話は普及していなかった。が、花森は電話のある人、逗子だの鎌倉に住む人にも、「電話をかけないで行け」と言い「居なかったら、何度も行け、むだ足を踏むのを厭うな」と厳命した。

そして、原稿依頼に行くとき、「髪と、爪と靴をきれいにして行きなさい」と言い、訪問先で女中が出てくるかもしれないが、誰が出て来ても、奥さまだと思って、ていねいに挨拶をするよう、こまごました注意を付け加えた。

創刊号で忘れ難いのは、鎮子が川端康成の掌編小説「足袋」を書いてもらったことだった。読書新聞の復刊第一号に、鎌倉まで依頼に行き、引き受けてもらったものの、原稿を入手するまでに、三回も四回も通い「まだ、出来ていない」と言われて、泣きくずれたあげくにもらった原稿だった。

鎮子には、その苦い思い出があるだけに、こわごわうかがったのだが、川端は憶えていてくれて、「大橋君」と名前まで記憶していた。原稿は快く書いてくれた。

初見で、むずかしそうな人には、丁寧に手紙を書き、それが着いた頃に訪問するようにした。その一人に、三井財閥の大番頭から政界に転じ、大蔵大臣・商工大臣や枢密顧問官を務め、太平洋戦争の敗色が濃くなるや、東条内閣の打倒工作に一役を買った硬骨漢の池田成彬がいた。

戦後は、公職追放の身となり、大磯の自邸で静かに日本の復興を見守り、近くに住むワンマン吉田茂首相に乞われて、経済問題についての助言をしていた。

戦前のそんな大物の原稿を、いきなり取るように命じた花森の真意は、戦争末期の最大の権力者、東条英機内閣の打倒工作に一役買ったり、血盟団に三井合名理事長團琢磨が暗殺された時、暗殺リストに入っていて、防弾チョッキを着て執務をしていたというこの財界人に、感銘を受けていたからかもしれない。

ところが、鎮子の池田成彬への手紙は、折りかえしすぐ、断りのはがきが来てしまった。大雪の日だったが、鎮子はすぐ池田邸の玄関に雪まみれの姿で立ち、呼リンを押した。玄関にあらわれた老紳士は、『暮しの手帖』の大橋鎮子です」と名をつげる彼女に、

「お断りのはがきを出したはずだがね」

と、不審そうに言った。

鎮子は「いいえ、まだ、いただいておりません。失礼ながら、お願いに上りました」と明らかな嘘をつき「是非、お原稿をいただきたい」と迫った。すると、政財界の大物は、

「原稿なんて書いたことがないよ」

と、想定外のことを口にした。

成彬の息子に英語学者で慶應義塾大学教授の池田潔がいた。『自由と規律』『教師のらくがき』等ののびのびしたエッセイで、活躍する人物だった。

鎮子は、潔の存在を意識したわけではないが、花森の厳命に従い、とにかく粘り強くお願いして帰路についた。

しばらく経って、往年の政財界の大物は、「息子に書き方を教えてもらって書いたよ」と言って「うまいもの」というエッセイを届けてくれた。

第七号に掲載され、つづく第八号にも池田は「私の長寿法」を寄稿している。

鎮子は後日、「雨の日、風の日、訪問日和」という鉄則が、講談社創業者の野間清治にあったことを知った。

創刊号はできたが……

創刊号は一万部刷った。

取次の日配に、なんとか七千部取ってもらった。残った三千部は、日吉ビルの狭い部屋や廊下に山のように積まれていた。

第六高女時代に、販売方法も考えずに「歯磨き」を製造して、手痛い失敗をしている鎮子は、この残りの三千部の処理に焦った。

「このままにしておくと、一日たてばそれだけ『暮しの手帖』は古雑誌になってしまう、なんとか人の目に触れてもらえるようにしなければならない、と考えました。

そうだ、自分たちで本屋さんにお願いして回り、店頭に置いてもらおう……このことを、みんなに相談したところ『やろう』『やりましょう』となりました」

〝ラーゲル〟(捕虜収容所の意)と呼ばれた「衣裳研究所」の八坪の部屋に、関東地方の地図が貼られ、その地図を見ながら、全社員七人の販売プランが練られた。花森は中央線、大橋姉妹は東海道線、と手分けして、リュックサックにぎっしり本を詰め、西は三島、沼津から北は宇都宮、水戸まで、一駅一駅ずつ降りて、本屋に雑誌を置いていく、行商部隊戦術が組まれた。

「朝は一番か二番の汽車に乗り、よる新橋まで帰ってくると、きまって九時か十時でした。一番おそいひとのために、みんな帰らないで揃って待っているのでした。十二月も押しつまった寒い夜、こんな雑誌は売れないよとか、置く場所がないんだとか、その日は運が悪くて、うかがった本屋さんで素気なく断られてしまい、背中のルュックが半分も軽くならず、恥しいことですが、帰りの暗い道を、ぼろぼろ口惜し涙を流しながら、へとへとになって帰って来たとき、さきに帰った誰かが、おいもをふかしておいて、十時をすぎたのに、やはりみんなで待っていてくれた、そんなこともたびたびありました。

せめて十号になったら、そんなとき私たちがお互いになぐさめ、はげます言葉がこれでございました。せめて十号を出すまで、そう心にきめて、みんな私たちは私たちなりに、歯をくいしばって働きました。

なにしろ、わずかな人数ですから、編集とか営業とかいった区別もなく、原稿をおねがいに上った帰りに、本屋さんにうかがい、帰ってくると発送する、そんな毎日も、みんなで続けてまいりました。」

（『暮しの手帖』第十号「あとがき」）

本屋に置いてもらった後に、さらに困難な集金があった。一カ月ほどたって、売れた分の金を回収して回らなければならない。

これは、雑誌を編集する以上に、彼らにとっては大仕事であった。鎮子、晴子、芳子、家子たちは、集金に出かける前に、事務所で、

「お代金をいただきに上りました！」

「『暮しの手帖』のお代金をいただきます！」

と、大きな声を張りあげて、練習をして勇を鼓して出かけることにした。

『暮しの手帖』を、一ヵ月前に預けてあるから、売れた分の代金をもらうのは当然であった。それも定価に示された金額ではなく、取次を通したものより、利益はよくしてあって本屋のメリットは高いのである。

だが、若い女性にとって、当然な行為なのに、金のことはなかなか言いにくく、つい口の中でモグモグと言ってしまう。

鎮子は、こんな不快なことがあったと書いている。

ある本屋さんに、『暮しの手帖』を五冊お預けしてありました。その伝票を見せて、「お代金をいただきにまいりました」と言いましたら、店主の方が「あんな雑誌、売れなかった」と言われました。「それではお返しください」と言いますと、「どこへ入れたかわからない」という返事です。

ふと見ると、ガラスケースの下のほうに、『暮しの手帖』が突っ込むように入れられていました。「ここにあります」と、残っている本を出してもらいました。三冊でした。伝

票は五冊になっていました。

「二冊売れているようですが」と言いますと、本屋さんは、「こんなものは売れないよ。その二冊は万引きだよ」と言って、代金はくださいませんでした。それ以上は言えません。重いからだを引きずるようにして東京にもどってきました。


鎮子に、この時の痛恨は長く残った。

物を売ることの厳しさを、女学生時代の「歯磨き粉」についで体験したことが、『暮しの手帖』をつづけて行く上で、どれほどの教訓になったかは計り知れない。

しかし、彼女は御大・花森に、この一件は一言も伝えなかった。

『暮しの手帖』は、昭和二十三年の秋に第一号を、翌二十四年一月に二号、四月に三号と発行されていった。

発行される号数にパラレルして、『スタイルブック』のベストセラーで入った、思いもかけない大金が、目に見えてなくなっていった。

唯一の取次会社であった日配が、GHQにより閉鎖機関に指定されたのは、三月だった。

当時の日本経済は、対日経済政策の安定九原則「ドッジ・ライン」によって、赤字財政を黒字にするために、経費節減、徴税強化、復金融資のストップ、市中貸付金の回収などの強行策に入っていた。

この政策によって、デフレがおこった。

『日配時代史』をひもとくと、〝ドッジ・ライン〟が、出版界に与えた衝撃を、次のように書いている。

もともと資本の薄弱な出版界にとって、〝金づまり〟によるデフレ不況は大きな痛手であったところへ、出版物流通の要である日配が閉鎖機関に指定されたため、業界の秩序は根底から動かされ、激動の坩堝《るつぼ》に投げこまれてしまった。幸い、用紙、印刷面が大分復興し、その面での苦労が緩和されたこと、販売面では中小取次業者が盛んに誕生し、書店の数も増えたことで販売競争が活発化し、出版物の普及が軌道に乗りはじめたことは救いであった。が、企画の貧困と購買力の低下により、また、需要度の高い本が特定地域に偏在するなどの弊害が重なって、返品は急速にふえていった。

七、三号雑誌で終る危機

興銀からの特別融資

出版業界の趨勢はこのようであったが、一万部の部数で船出したばかりの『暮しの手帖』は、その日暮しのありさまであった。

三号を出した頃、鎮子は深刻な顔をして、銀座の並木通りを歩いていた。運転資金が底をつき、このままでは倒産必至――どうしたらいいのか、対策を考えながら歩いていたのである。その時、

「あっ！　大橋君！　どうしたの。なんだか顔色が悪いよ」

と、興銀時代の知人に声をかけられ、立ちどまった。

「お金がなくて、困っているんです」

知人は、鎮子のその言葉に、

「大橋君は仕事が当たってすばらしい、と聞いていたよ。どうして」

と、不審そうに問返してきた。

「それは本当だったんですが、そのあとが難しくて、なかなか売れず、ベストセラーで入ったお金も底をついてきたのです」

鎮子は、恥も外聞もなく、ありのままの状態を告げたところ、

「それなら銀行で借りればいいよ。興銀が貸してくれるかもしれないから、頼みに行ってごらんよ」

と、地獄に仏のような言葉をかけてくれたのである。

短期間だとはいえ、興銀に勤めていた鎮子だけに、銀行の業務は知っていた。が、興業銀行の融資対象は、花森と鎮子がスタートさせたばかりの吹けばような出版社は、お呼びではなかった。

鎮子はそれで、興銀の誰かに市中銀行を紹介してもらえたらと思い、すぐ翌日、興銀を訪ねて行った。

すると、銀行の通用口に、昭和十二年四月に、鎮子と一緒に入行した北岡文一が立っていた。彼は『スタイルブック』を創刊したとき、全国から送られてきた注文の郵便為替を現金化してくれた人で、鎮子の仕事の幸先のよさを、行内に宣伝してくれていた。

心を許したその北岡に、鎮子は苦境を訴え、知り合いの市中銀行への融資の斡旋を申し出たところ、

「ちょっと待っていなさい」

と言って、銀行のなかに入って行き、十分ほどして、昔の仲間だった二人の先輩を連れて来て、近くの喫茶店で相談に応じてくれた。そして興銀で貸してもらえる可能性を示唆し、その手続きの仕方を教えてくれた。

鎮子は教えに従い、書類をまとめて、中小興業金融課に提出すると、十日ほどして電話があり、待望の二十万円を借りることができた。この二十万円が大きく花開いて、『暮しの手帖』を、出版史に残る大雑誌に育てられたのだが、「あとになって聞いた話ですが」と前おきした上で、鎮子は融資されるまでの経緯を、次のように書いている。

「興銀に前に勤めていたぐらいのことで、女の子にお金は貸せない」と反対する重役さんに、北岡さん、周布さん、黒川さんの三人が「僕たちの退職金を抵当にしますから、大橋君に貸してやってください」と頼んでくださったそうです。

それまで反対されていた重役さんも、

「君たちがそこまで言うのなら、貸してあげよう」ということになって、二十万円を借りることができたのでした。今(注・平成二十二年)のお金にしたら二千万ぐらいでしょうか。

『暮しの手帖』は、大橋鎮子の人知れぬこの奔走があって、継続することが出来たわけだが、彼女の奮闘努力がなかったら、当時〝カストリ雑誌〟とからかわれた〝三号雑誌〟でつぶれていただろう。

当時、劣悪な密造酒だった「カストリ焼酎《しょうちゅう》」は、飲むと三合で酔いつぶれた。次々創刊され流行した俗悪な娯楽雑誌が、やはり三号でつぶれたことから、〝カストリ雑誌〟と揶揄《やゆ》されたのである。

花森安治の高邁な理想で創刊された『暮しの手帖』にして、三号にしてつぶれていたら、カストリ雑誌と五十歩百歩にみられたことだろう。

元皇女に原稿依頼

鎭子が借りてきた二十万円によって、三号が出て四号の編集に入ったときだった。

花森は鎭子に、

「なにか、みんながアッと驚くような記事を載せないことには、『暮しの手帖』はダメになってしまうよ」

と思いつめたように、言った。

いきなりそう言われても、どんな記事が鬼面人を驚かすのか、鎭子には皆目、見当がつかなかった。

「みんながアッと驚く……ですか」

と問い返す鎮子に、花森は助言もせず、

「考えなさい！」

と、なかば命令口調で言うのだった。

衣に食、そして住を基調に、女性に役立つ新しい雑誌を志して船出し、衣裳研究所の社名の手前、花森の独断専行のプランで「直線裁ちのデザイン」からはじまって、女性の身辺を飾り、ととのえる企画は、誌面に反映させはじめていた。

だが、次の段階の食へのプランは、すすんでいなかった。東京に住む者の三度の食事は芋が主で、米は月に二日か三日分の配給しかない。肉や魚は、闇市で買わないことには手に入らなかった。

闇の値段は法外であった。

そのとき、鎮子の頭をふっと掠めたのは、「こんなに食糧が不足しているのに、皇族たちはマッカーサーの特別の庇護のもとで、ゆたかに暮らしている」と言う噂であった。

鎮子は、その噂を聞いて半信半疑だった。

そこで、「アッという企画を」と、命じられたその折、花森に聞いたのだった。

「さあ、わからんなァ」

が御大の返事だった。

その一瞬、鎮子の脳裡に、当時としては奇想天外な企画が浮かんだ。天皇の長女で、東久邇宮家《ひがしくに》に嫁いだ照宮成子《てるのみやしげこ》に、そのへんのことを書いていただいたらどうかしらだった。

当時、皇族は、昭和天皇の弟、秩父宮・高松宮・三笠宮の三直宮家だけで、かつての十一宮家五十一人は、特権を失い皇族籍を離れて、普通の国民になっていた。

昭和二十二（一九四七）年十月十三日に開かれた、初の皇室会議で決められたもので、皇族籍を離れるに当って、各家の家長には二百十万円、その他の男子には百四十四万九千円、女子には親王妃と内親王には百五十万円、王妃には百五万円、女王には七十五万九千円の一時金が下りた。

ところが、敗戦時軍人だった十一人には、一時金はなかった。各宮家の男性は、陸海どちらかの軍人になることを義務づけられていて、家長は間違いなく軍の高官だったから、二百十万円はもらえなかったのである。

各宮家の資産は、百三十万円前後が多く、その七割五分は財産税として国庫へ納めねばならず、苦しい生活を強いられていた。

マッカーサーの特別庇護の風聞は、あくまで噂の域を出ないものだった。

しかし、元皇女の私生活を『暮しの手帖』に書いてもらえたら、読者に与える衝撃は大きいだろう。

鎭子のこの考えを聞くと、花森は即座に言った。

「それはいい企画だ。君が行ってお願いしてきなさい」

当時、東久邇邸は、麻布の旧宮邸の焼け残った供待部屋が使われていた。戦前、宮様が住んでいた御殿脇の小宅だったが、庶民のバラックに較べたら、格段に立派だった。

その東久邇家の成子夫人宛に紹介者もないままに、鎮子はまず用件と、「近日中にお伺いするので、お会いしていただきたい」との、いんぎんな挨拶状を送った。
二、三日して、麻布の東久邇邸に伺いました。門のくぐり戸に手をかけますと、なんと、スーッと開きました。ふつう、こういう方のお家なら、門番ぐらいいるのに、と思いながらなかに入りました。飛び石があって、それをつたっていくと、家の人がふだん使っているような玄関がありました。その横には、芝居に出てくる御殿のような立派な玄関がありました。そこは使われていないようでした。
東久邇成子は、やさしそうな、あたたかそうな美しい女性だった。

鎮子は、その元皇女に、会っていただいたお礼を申し上げた上で、原稿のお願いをしたのである。敗戦で世界観は激変したとはいえ、〝現人神《あらひとかみ》〟から人間宣言をしたばかりの昭和天皇の長女だった成子に、「現在の暮しぶりを書いていただきたい」の原稿依頼は、当人にとって青天の霹靂《へきれき》だっただろう。

成子は、依頼には答えず、庭を指差して、

「ごらんのように、ここも空襲で焼けました。命からがら防空壕に入りましたから助かりましたが……」

といい、つづけて鎮子が椅子から転り落ちそうなことを、微笑しながら言うのだった。

「いま、私どもは、庭のはこべを摘んで、野菜の代わりに食べていますの」

はこべは、早春に白い花を咲かせる柔らかな葉を持つなでしこ科の植物だった。春の七草の一つで食用にはなるが、決しておいしい山野草ではない。

鎮子は、マッカーサーの特別配慮云々の間違いを知って、ならば元皇族も、山野草を野菜代りに食べている現実を、国民にひろく知ってもらうべきだと考えて、原稿を書くように迫った。が、原稿は書いたことがないから駄目ですと、きっぱり、断られてしまった。

書き直しの命令

花森の鬼のような編集特訓を、受けている鎮子であった。ここで引き下ったら、苦労して会った甲斐がない。

「学習院のとき、つづり方をお書きになられたことがございましょう」

「つづり方を書きました。つづり方なら……」

成子は、その後の言葉をおさえたが、つづり方なら書けるの感触であった。鎮子は、

「そのつづり方でけっこうでございます。どうか、今の暮しのご様子をお書き下さい」

と、必死に喰い下り、長さは四百字詰原稿用紙で四枚か五枚、期限は二週間ぐらい先との約束を結んで、銀座の編集部に凱旋将軍のような気持で戻り、花森や皆に報告した。部屋の空気が、わきたつ感じだった。

二週間後の約束の日、胸をおどらせて訪問すると、「まだできていません。二、三日しておいで下さい」の断わり。二、三日して伺うと、やっぱり出来ていなくて、川端康成の原稿取りと同じ五回目にして、ようやく受取ることができた。

銀座の編集部に、飛ぶような思いで帰り、原稿を花森に差し出すと、彼は、

「よかったな」

と、よろこびの言葉を言いながら、すぐ原稿に目を通しはじめた。が、一読して、

「なんだ、これは。面白くもなんともないじゃないか。書き直してもらいなさい」

と、鎮子の体が凍るような言葉を、どなるように言うのだった。

花森の原稿を見る眼は、常に厳しかった。執筆者の経歴、地位、知名度に斟酌《しんしゃく》することはなかった。わかりやすい言葉で、なにを相手に伝えるのかが、理路整然と書かれていなくては、書き直しを命じるのだった。

学習院時代に、つづり方を書いた経験だけの元皇女に、突如わかりやすい言葉で、理路整然と、相手に伝わる文章を書くことは、もとより無理な注文だった。

が、花森は一度「ダメ」と言ったら、絶対引きさがらない編集長だった。

このとき、鎮子が考えた窮余の一策は自伝の「三号で倒産か」の項に、次の通りに書か

れている。

翌日、また麻布のお住まいを訪ねました。しかし、いくら心臓が強くても、書き直してほしい、とは言えません。

「私が勘違いして、原稿用紙四、五枚とお願いしましたが、じつは十枚ほどでした。あと四、五枚ほど書き足していただけないでしょうか。お庭のはこべなど召し上がっていらっしゃる話など、ぜひ、皆さんに知っていただかないといけません。そんなことなどをお書き足してください」

鎭子は「書き足し」の原稿を受取るために、また催促に通ううちに、五歳の信彦、四歳の文子とすっかり仲良しになってしまった。

文子は、鎭子を四つんばいにさせて、廊下をノンノンと歩かせるほどに懐《なつ》いてしまい、原稿の催促にうかがうと、

「ア、オンマサンガキタ　オンマサンガキタ！」

と、背中に乗るのを、せがむようになった。

オンマサンの苦労の末に受け取った東久邇成子の原稿は、「やりくりの記」と題されていた。

「日本は變った。私たちもこれからの生活を切り替えようと此の焼跡の鳥居坂に歸って來

た。やりくりの暮しがはじまったのである。ここは居間の方が全部焼けて、ただ玄關と応接間だけが残ったので、これを修理して、やっと、どうやら住めるやうにしたのだ」と、激変した戦後の暮しぶりから、書きはじめられていた。

宮家は戦前、都内の一等地にあった和洋折衷の豪邸に住んでいた。宮内省から派遣された多くの使用人に傅《かしず》かれ、家事もその人たちがやっていて、やんごとない人が、台所に立つことはなかった。

それが、敗戦で一転、天皇の弟宮の三家以外の皇族十一家の皇籍はなくなり、自らの力で暮しをたてていかなくてはならなくなったのである。

彼らが、一般人の暮らしが、どのようなものかを知ったのは、このとき以降だった。

東久邇成子は「やりくりの記」で、次のようにつづっていた。

自分たちだけの力で、何もかもしなければならないとなると、本當に忙しく、又しっかりと計畫を立ててしないと、この家庭生活は實に複雑である。お魚や肉や果物等時々自分で買いにゆかなければならない。又、時には銀座あたりに、身の廻りの物等買いにゆく。昔ならば安くてよいものが簡単に手に入ったけれど、今は高くて手が出ないし、ちょっと變ったものになると、あちこちを探しても間にあわないものもある。

天皇の第一皇女だった、東久邇家の主婦の立場でつづったこの、「やりくりの記」を読んだ鎭子は、マッカーサー特需で豊かな暮らしをしているという噂に、まったく根拠のないことを知るのだった。さらにこの後につづく記述には、驚かされた。

三度の食事も配給もので、大體まかなうのだけれど、パンや粉ばかりの時があったり、お芋が何日もつづいたり、時には玉蜀黍粉や高粱だったりすると、どんな風にしたらよいか、中々頭をなやまされる。大人はまだしも、育ちざかりの子供達の為に、榮養がかたよらないやうにそして、おいしく頂ける様にいろいろ工夫しなければならないのだが、そんなわけで、いつの間にか、お粉の料理は私の自慢料理の一つになってしまった。（中略）

焼跡の大部分に畑もつくった。毎日の食生活を少しでも助けるためである。夏の朝早く露をたたえて生き生きと輝いているトマト、なす、きゅうり等、もぎとってくるのも嬉しかった。しかし、今年の春の頃は、畑に人參も、ほうれん草も、大根もなくて、毎日春菊だの、わけぎだのと同じきまった野菜に、今日は何を使おうかしらと苦労させられたものだ。そして結局高い端境期の野菜を買わなければならなかった。この苦い経験を生かして、來年は多種類の野菜が、少しづつでも、絶間なくとれる様に、殊に端境期を気をつけて菜園計畫を立てようと思っている。

毎日の食生活に対する、このこまごまとした配慮は、天皇の長女にして、一般人と少しも変わることはないようだった。

衣裳研究所を社名にする花森、大橋たちをさらに敬服させたのは、成子の子供たちへの着るものへの配慮だった。
その件《くだり》は、次のようにつづられていた。

衣服でも、子供たちのものは皆つくる事にした。子供のものは、すぐよごれるし破けたりする上に、どんどん伸びて小さくなってしまう。この間も、よそゆきのズボンを汚れついでに半日着せておいたら、夕方には、早速垣根にひっかけたとかで、大きなカギざきを作って、私をがっかりさせてしまった。下の子は今伸び盛りだから、去年秋に作って、いくらも着なかった合着を春に出して見たら、丈も短く、首廻りもなおさなければ着られなくなっていた。こんな風なので、布地を一々買ったり洋服屋に出していたのではとても大變だから、なるべく主人や私の着古しをなおしてこしらえるのである。いろいろデザインを考えてすると、變った可愛いい感じのものになり、これも又やりくり暮しのたのしみである。子供たちもやはり、きれいな着物が好きと見えて、新しく出来ると大喜びでそれを着る日を楽しみにしている。

天皇が、神格化を否定して、人間宣言をされたのは、三年前の昭和二十一（一九四六）年一月一日だった。
そして、天皇の弟三宮家をのぞく十一宮家の皇族籍がなくなって、一国民になったわけだが、その雲泥の差の生活が生んだ東久邇成子の「やりくりの記」のてんやわんやぶりは、ほほえましかった。

八、「やりくりの記」の波紋

花森は〝二人三脚〟の同志、鎮子がたいへん苦心の末書いてもらった、昭和天皇第一皇女・東久邇成子の「やりくりの記」を掲載した『暮しの手帖』第五号の中吊り広告を、東京、関西、四国、松江の鉄道に出すことにした。

広告の大きさは縦三十八センチ、横五十四センチで、その中央に二十五×十七・五センチの紅赤の四角、その真ん中に黒で、次の文章をくっきりと書いた。

特別企画
やりくりの記
東久邇成子（天皇陛下第一皇女照宮さま）

『暮しの手帖』を販売している書店にも、次のような内容のチラシを配布した。

やりくりの記　特別寄稿　東久邇成子

天皇陛下の第一皇女、かつての照宮が『暮しの手帖』にならと快く寄せられた得難い生活手記。訪問記事や談話、演説草案などでなく、自ら筆を執って雑誌に寄稿されたのは、皇室ご一家中、今回の照宮さまが初めてです。

いまは妻として、三人の子の母として、敗戦後の苦難にみちた明け暮れを、実に素直に、飾らず気取らず、大胆に書いて下さいました。恐らく国内はもとより、国外にも大きな話題を授けることでしょう。

おねがい　すぐ売切れると思います。あらかじめご入用の部数を取次店までお申込おき下さるようお願いします。

この号は、抜群の売れ行きになった。

創刊号は一万部発行し、七千部が取次の日配を通して全国書店に配本。残りの三千部は衣裳研究所の社員——と言っても、花森ら五人に過ぎなかったが、行商する形で東京近郊の沿線を、駅ごとに降りて最寄りの書店に三部、五部と置いてもらい、しばらくして売れた分の集金に廻って、売りさばいたものだった。

それが、隔月刊ペースで、二号、三号と発行されていくと、発行部数は四号が一万八千、五号が二万五千、六号が四万五千部と、目に見えて増えていった。

定期刊行物の雑誌は、発行して店頭にしばらく置き、売れなければ返品される。返品されたものは、余程のことがない限り、出て行くことがない。

ところが、花森は『暮しの手帖』を雑誌であると共に、単行本のように増刷を重ねて長く売っていく考えだった。誌面づくり、書き手、その内容をことさら時宜《じぎ》を得たものにせず、滋味深い衣・食・住に関するエッセイにしたのも、超ワンマン編集長のこの考えからだった。

その結果、一号は増刷を十回以上も重ねて、売上げ部数は十万七百部と、発刊時の十倍に達していた。

そして、「やりくりの記」を載せた五号は、十一万七千五百部、つぎの六号が十三万八千部と、想像を越えた躍進ぶりだった。

やはりこの時期に、天皇関係の記事で、大躍進のきっかけをつくった雑誌があった。花森安治、『週刊朝日』編集長の扇谷正造と共に、戦後を代表する名編集長と謳われたの池島信平の『文藝春秋』だった。

昭和二十四（一九四九）年の『文藝春秋』六月号に掲載された辰野隆、徳川夢声、サトウ・ハチローの座談会「天皇陛下大いに笑ふ」によってであった。

池島は、文藝春秋創業者である菊池寛の一周忌に、縁故の人々とバスを仕立てて、多摩墓地へ行った帰りに、画家の宮田重雄が持ち前の大声で、

「こないだ、ハッちゃんと夢声老と辰野大博士が、天皇さんのまえでバカばなしをして、陛下は生まれてはじめてお笑いになった」

と言うのを耳にしたのである。

宮田のすぐ前の席にいた池島の琴線に、咄嗟に触れるものがあって、後席を振り返り、

「それ、いきましょう」

と言って、早速、御前放談会に出席した三人に「陛下の前と同じようにやってほしい」と注文し、御前放談会を再現し、「天皇陛下大いに笑ふ」と、当時としては「笑わせ給う」とするところを、「大いに笑ふ」のタイトルにし出版界の話題をさらったのである。

『文藝春秋』は、この号を弾みに、八万部の発行から十八万部に伸ばし、そのあげ潮ムードで一年に十万部ずつ増やして、〝国民雑誌〟と謳われたマス・マガジンに育ったのである。

扇谷正造は、『マスコミ交遊録』で、池島信平について、次のように記している。


池島信平という名前が、イヤっというほど私の頭に刻みつけられたのは、たしか昭和二十四年じゃなかったかと思う。いや或いは三年だったかな。

或る日のことだった。連載対談で、しょっちゅうお会いしていた辰野隆博士から、天皇陛下にお招ばれしたという話をお聞きした。よばれた方は夢声老、サトウハチロー氏、それに辰野博士の三人で、それこそ文字通りの閑話で、陛下は大いにお笑いになった、という。

ずっと社会部で育った私には、この時、何かピーンとくるものがあった。

〈それ行け！〉

チカ、チカと明りがともった。同時に別な考えが、フーと通り魔のように、この灯りを

吹き消した。通り魔は、私の常識であり、時代迎合主義であった。(中略)
「こんな時に、陛下のお話など、読者は読むかしら」
それに、多少は反動的といわれるのもいやだった。そのころの編集者には、多かれ少なかれ、〝進歩的見栄〞があった。
或る日、新聞広告を見て驚いた。大きな活字で「天皇陛下大いに笑ふ」という広告が出ているのである。(中略)
「しまった!」
と、思った。(中略)
口惜しかった。コンチキショウと思った。文春はこの号を境に飛躍的に伸びた。

花森と、東大の新聞で一緒だった扇谷正造は、そのよしみもあって『暮しの手帖』には、創刊号に「背広」、六号に「奥さまにヒゲのないわけ」、十一号には「ぶっく・がいど」、十六号「お代り」と、かなり頻繁に登場していた。

神戸の雲中小学校の三年のときから、花森と同級生になり、中学、高校は別だったが、東大の大学新聞で再会した田宮虎彦も、『暮しの手帖』一号に「地獄極楽圖」、六号に「新しいもの古いもの」、十号に「子別れ」と書いていて、二人は花森の編集のノウハウを理解しているはずだった。

その旧友が、『暮しの手帖』の飛躍のきっかけをつかんだ、東久邇成子の「やりくりの記」

にどのような感懐を持ったか、知りたいところである。

「やりくりの記」掲載号で、花森たちをよろこばせたいま一つは、ユネスコで、日本の文化を紹介のため、雑誌を世界の国へ送ることになったとき、発行部数、創刊の年度、知名度などで知られた『主婦の友』『婦人倶楽部』『婦人公論』など、数多い婦人雑誌のなかから『婦人之友』と『暮しの手帖』が選ばれたことだった。

「この知らせを受けたとき、本当に涙が出るくらいうれしゅうございました」

と、大橋鎮子は述べている。

九、独創誌の真価定まる

手へのこだわり

『暮しの手帖』のグラビアに、初めて食べ物の記事が掲載されたのは、昭和二十五（一九五〇）年の七号である。「誰にも必ず出来る　ホットケーキ」で、銀座の一流店コロンバンの門倉国彦の教えだった。

焼きたてのホットケーキに、バターをのせて朝食や昼食がわりに食べる楽しさを担っていた。企画は鎮子がたてたもので、興銀に入ったとき、課長の工藤昭四郎が新人歓迎に出してくれたのが、コロンバンのホットケーキだった。

卵に砂糖、牛乳、小麦粉を混ぜ合わせ、ふくらし粉を入れて円盤形に焼いたケーキは、日中戦争が始った昭和十二（一九三七）年頃は、まだもの珍しい贅沢な洋菓子に見られていた。その印象が強かったので企画したのだが、二十五年に入ると、卵、牛乳、砂糖、バターが容易に使えるようになっていた。

グラビアの写真は、ていねいに材料から、粉のふるい方、玉子の白身と黄身のわけ方、泡立て方、火加減のコツなどを、十枚の写真で説明し、この手順に従って作れば誰にもできる懇切さに充ちていた。

このホットケーキづくりの写真のモデルになったのが、鎮子だった。創刊号の「直線裁ち」のデザインに、裁つひと、着るひとに登場して以来、『暮しの手帖』には常連だった。

創刊号では、黒っぽい昔の銘仙で裁ったドレス、更紗《さらさ》模様のカベお召の羽織でつくったドレスの後姿を見せ、さらに紺ガスリを使って、思い切った和服のシルエットを取り入れてみたワンピースを着て、下からアップした姿を見せていた。

婦人誌のモデルが、有名女優か名家の令嬢が通り相場の時代に、素人の、それも『暮しの手帖』の編集者がモデルを務めるのは、いかにも異端であった。が、鎮子のその場に合った落着きのあるモデル姿には、異和感がなかった。

料理記事の登場で、今度は〝手優〟になったのは、最初は料理人にやらせたのだが、カメラをのぞいてみると、男の手では楽しく作っているソフト感がなかったからだった。

鎮子の手はその点、小ぶりで美しく、料理の包丁を持たせても、編物、ミシン、縫もの、さらにトンカチ、ノコギリ、ナタ、カンナなど大工道具を持たせても、可不足なく撮れた。『暮しの手帖』に出る写真の手は、七号以来、大橋鎮子が務める流れになったが、〝手優〟の義務は、手の持ち主・鎮子に、たいへん神経的な負担をかけることになった。

彼女は「あえて答えますが」と前置きをした上で、「たいへん神経を使っていました。もちろん、毎晩寝る前に、よくマッサージをする。顔よりも手の手入れを大切にする、ということはありますが、それより何よりも、いつも手をかばう、ということです。」と述べ、つづいて、どのようにかばっているかを、

「外出するときは、たとえ暑い日でも、必ず手袋をします。持ち歩きするものにも気をつけました。やる気もあって、みんなのため、読者のためにきれいな写真を撮りたいという気持ちが強かったから、弱音は吐きませんでしたが、ライトがすごく熱くって、肩のあたりが赤くなって火ぶくれをつくったこともありました」と、被写体であった人知れぬ苦しみに触れていた。

手といえば、花森は「手」に徹底的にこだわる編集者だった。

彼は、手の動きと思考を連動させた〝職人〟として終始したが、絶筆となった昭和五十三（一九七八）年二月号に掲載された原稿が、「人間の手について」であったことは、花森の生涯をシンボライズしているようである。

この絶筆は、結びの項で紹介するが、鎮子は、花森に命じられて〝手優〟になった件の結びに、

「当時はまだスタイリストといった仕事をしている人もいません。料理撮影にも必要なナイフ、フォーク、調理器具などを探してそろえるのは私たちの仕事でした。手作りのアクセサリーを紹介するのに、服が必要であれば、ぴったりなものが見つかるまでデパートを

回ります。すべて買い取っていましたし、いつも真剣でした」と書いている。

「商品テスト」の登場

『暮しの手帖』が、日本の商業雑誌では前人未踏の商品テストを始めたのは、昭和二十九（一九五四）年の二十六号からである。

この雑誌の核となり、ポリシーを示し、主婦層を主とする読者の絶大な信頼と人気を呼んで、同誌の部数を飛躍的に伸ばす大企画だった。

実は、「商品テスト」が始動する前に、毎日の暮しに、すぐ役に立つ商品の紹介はしていた。五号の「やりくり記」を載せた次の号からで「買物の手帖」というタイトルで、読者から次の要領で、募集していたのである。

（前略）採否はお任せ願います。私たちが実際に試して、これなら責任の持てるものだけをのせてゆきたいと思いますから、勿論広告料その他の費用は絶対に頂きません。

「買物の手帖」は十四号までつづけられたが、これが「商品テスト」の伏線になっていた。

日本の出版界では、前例のないこころみだったが、いくつかの団体では行われていたし、外国では商品テスト専門の雑誌があった。

だが、『暮しの手帖』で始めた「商品テスト」は、取り上げる商品の選び方、どこをどう調べ、どう判断するかのテスト方法で、前例のないものだった。

花森は、「商品テスト」を始めるに当り、また、連綿と続けていく中で、声を高めて言った言葉は、

「作っている人が命がけで作っているものを評価するのだから、こちらも命がけでやらなくてはならぬ」

だった。

花森が、戦後九年目を迎えたこの時期に、「商品テスト」を思いたったのは『暮しの手帖』には「広告を載せていない」ことと、二十五（一九五〇）年六月に勃発した朝鮮戦争による特需景気で、日本経済が復興したことだった。

『暮しの手帖』に広告を入れなかったのは、冒頭でちょっと触れているが、花森が表紙から始って最後の頁まで、美意識に忠実に心魂を傾けて作った誌面に、他人の作った商売気もあらわな広告が、土足で入りこんでくることを嫌ったからだった。

花森は、「商品テスト」を始めて一年後の三十一号に、広告について次のように書いていた。

こないだ、ある商業組合の理事長という方がみえて、いったい、この雑誌に、商品の写真や記事をのせるには、いくらぐらい出せばいいか、ということを聞かれた。……こういうことを聞かれたのは、これが、はじめてである。

この雑誌には、広告がない。「のせたらいいじゃないか」とよく言われる。ボクにしたって、広告とか宣伝の仕事で飯を食っていたこともあり、だから、いまだって人一倍それには関心があるし、そんなことより何より、第一この雑誌に広告をのせると、これはある広告代理業のやってくれた計算だが、少なく見積もっても、一号について二百万から三百万の広告料収入があるという。我々のような小さな規模の出版社では、これは全くノドから手の出るような金額である。

それなのに、広告をのせないというのは、ふたつの理由がある。一つは、編集技術の点からである。グラビア頁など、ああでもない、こうでもないと、写真の1センチ、5ミリの大きさまで気にして割りつけても、もしドカドカと広告に割りこまれたのでは、苦労の仕甲斐がない。

花森はここまで述べた上で、第二の理由として次の通りに述べていた。

それよりも、広告をのせると、商品の正しい批評や紹介が、非常にやりにくくなるということである。これが広告をのせない第二の理由である。というより、これが一番おもな理由だ、ということになる。

商品テストは、毎号ひとつずつ、取り上げられた。ソックス、マッチ、鉛筆、アイロン、安全カミソリ、しょうゆ、電球、てんぷら油と、当初は、文字通りの身近な日々の暮らしの必需品が取り上げられていた。

暮しの手帖研究室の「実際に使ってみてどうだったか――日用品のテスト報告」第一回は、ソックスのテストだった。その特集では、ソックスと私たちの暮しを、まずとりあげ、次にそのソックスの試験方法と結果を実証主義に徹して、克明に記述した。そしてテストの結果から導き出された教訓を「銘柄だけでは安心できない」として、心のゆきとどいた言葉を添えたのだった。ところが、銘柄をあげ、その商品のテスト手順と理由を読者に伝えるこの企画は、メーカー側を動転させた。商品テストの目的が、「消費者よ、だまされるな」という面より、「メーカーよ、消費者をだますな」という、メーカーに対する警告だったからだ。

花森は、同誌上でめんめんと、「テストした結果はこうでした」と、六カ条にわたって列記した。「アナはあかない、色はみんなはげる、はき心地はウーリィ・ナイロン、但し黄ばむのが欠点、形の崩れないのもウーリィ・ナイロン、ゴム止めは完全でない、銘柄だけで安心して買えない」ということであった。この警告が、十日や二、三週間のテストから導き出されたものであったなら、メーカー側は強い反発と妨害を試みただろう。幸か不幸か、こと『暮しの手帖』の「商品テスト」には、広告は絶対に載せない方針と、テストのやり方が、あまりにも微に入り細にわたって完璧であるがために、メーカー側には反論の余地がなかったのである。

第一回のソックスの例でいえば、テストのやり方は、次のように行われたのである。

「はいた期間、五月一日から七月末日までの三カ月間。
はき方、毎日・学校への通学、友だちの家への訪問、買い物、日曜の外出など。
はいた人、小学校五年生、中学校一年生、中学校三年生の女生徒たち。
洗濯、三日目ごとに電気洗濯機で洗剤（ソープレス・ソープ）を用いて行った」

命がけのテスト

第二回目の商品テストは、台所になくてはならないマッチだった。

マッチは、生活の必需品とあって、日本マッチ調整組合に入っているだけで、百二十三社もあった。暮しの手帖研究室が、その中から選んだのは、東京及び近県の小売店から、銘柄のちがったものを一社一品に絞って、十二銘柄を買い揃えた。

乳母車のテスト風景。

電気掃除機のテスト。

電気カミソリのテスト。

ミシンのテスト。メーカーの技術担当を招いて調整した上でテストにかかった。

銘柄と、製造会社を列べてみると、次の通りだった。

ツバメ印（日産農林工業）、パイプ印（大東燐寸工業）、ハンマー印（大谷燐寸）、鷲印（神戸燐寸）、ペティプープ印（八家化学工業）、ヒヨロ印（静岡燐寸）、鳳賛印（東北燐寸）、菊水印（株式会社工業組）、あたりや印（白鷺燐寸）、時計印（日東社燐寸製造所）、桜印（上総燐寸）、三菱印（明林社燐寸工業所）

燐寸調整組合に入っているだけで百二十三社であるから、十二銘柄を買い集めると、ほぼ一割である。

この一割程度の銘柄マッチの何を調べたのかというと、テスト報告には、次のように書かれていた。

さて、マッチの良否をみわけるのに、たとえばマッチの軸木の頭についている火薬（頭薬）を科学的に分析するという方法もある。頭薬及び側薬の成分である塩素酸カリと二酸化マンガン、パラフィン、赤燐、ニカワ、などの比率がどうこうということも、それはそれで大切なことだが、私たちのやったテストは、それとはちがって、これも、ふつう私たちがマッチを使う、それと同じ手順で、その結果をくらべたのである。

テストには、並型（十個ずつ一包になっているふつうの小箱のこと）の場合は、各三十箱、家庭用小型（いわゆる徳用マッチ）は各一箱つかうことにして、次のようにテストした。

まず、一箱に何本入っているかを数えてみたのである。

並型は六十五本、家庭用小型は千本と決まっていたが、実際には、それより多いか、少ないかを数え、一本一本に火をつけて、火のつき加減を調べ、軸の具合や火のつく頭の部分を、銘柄ごとに点検したのである。

テスト結果は、国内で使われているマッチの二億七千万箱が、不良品であることが明らかになった。

「人生は一箱のマッチに似ている。重大に扱うのはばかばかしい。重大に扱わなければ危険である」

との、芥川龍之介の有名なアフォリズムで説き起された、マッチ・テストは驚くべき結果報告になったのである。

三回目の鉛筆テストは、十二種の鉛筆各二ダースを買い、削り、書き、しんの強度を調べ、湯に三十分つけてから、ひねって木部の接合具合を調べてみた。

比較参考のために、西ドイツ製の鉛筆「キャステル」もテストしてみたが、国産鉛筆とは段ちがいで、「何といっても断然Aクラスのトップ」の折紙をつけた。

外国製品は、これ以後、任意にテストに加え、そのすぐれた品質を紹介して、メイド・

イン・ジャパンに警鐘を鳴らす流れになった。

料理の必需品であるしょうゆのテストは、味のよしあしを、目、鼻、舌で判定させた。利き酒ならぬ利き味テストに、日本料理、中華、すしなどの一流料理人五人、読者のなかから主婦十人、利き味専門家五人の三グループに分け、日を違えて、二十六の銘柄を、目かくしテストした。

専門家にたいしては、二十六種のしょうゆに、二十七の容器を使うというトリック紛い――二つの容器には同じ銘柄を入れて、二つに同じ点がつくかどうかの信頼性も試みた。

その結果は、業界の四大手以外の小企業の銘柄が、三つのグループで一位の折紙がつけられ、業界を驚かせた。

てんぷら油のテストには、さらに手のこんだテスト法がとられた。一流料理屋の主人五人と、主婦十人が、銀座のてんぷら屋の座敷に揃い、六種類のてんぷら油を入れた六つの鍋で、十二人の職人がいっせいに揚げる同じタネものを試食した。

試食する十五人は、目かくしされていて、それぞれが、同じタネものを、違った油で揚げ食べさせられた。

タネは四種で、試食者十五人の前には、てんぷらを飲みこまずに吐き出すための器と、水と、舌が油に慣れないための食パンが置かれていた。四種のタネは六回ずつ試食したあと、さらに、油の質の落ち方を見るため、足し油をしないで、もう一回同じ試食をすることになっていた。

専門家と、素人による、くり返しのテスト法は、この後、連綿とつづけられる『暮しの手帖』の基本姿勢になった。


商品名をあげて、テストの結果が発表されると大波紋が巻きおこった。その一例に「ポッカレモン」があった。

レモン騒動は、商品テストを開始して、十三年後の昭和四十二（一九六七）年五月五日発行の『暮しの手帖』八十九号だった。

その号の「商品テスト」の頁に、

「ポッカレモンの大ビン（720ml）には、ビタミンCは入っておりません」という書き出しではじまる「ポッカレモンとビタミンC」の記事が掲載されたのである。

そこには、「五種類あるビンのうち、一番大きい値段が割安の徳用瓶には、ビタミンCはまったく入っていない。ビタミンCはポッカレモンでどうぞ、という商品広告は、誇大広告というよりも、黒を白といいくるめるサギ広告、つまり不当表示商品だ」

と、分析表をつけて摘発されていた。

当時、濃縮レモン・ジュースと銘打たれたポッカレモンは、爆発的に売れていた。新鮮なレモンの香り、成分をそのまま瓶詰にされたとされる、公称〝濃縮レモン〟が「レモン色に着色されたただの水だ」となれば、高い金を出して買っていた消費者は黙ってはいない。

メーカー側は、当然『暮しの手帖』の発表を全面否定していたが、大きなニュースになったことで、公正取引委員会が乗り出して分析したところ、「黒を白といいくるめるサギ広告のサギ商品」の判定が下された。

メーカーは、この判定の前に、ようやく不当表示だったことを認め、消費者に対し、お詫びの広告を出さざるを得なくなった。

消費者の怒りは、さらに、商品の監視役である通産省の公正取引委員会に向けられ、「一体、公取は何をしているのか！」の非難が殺到するところとなった。

「前向きに検討する」の答弁は、何もしませんを意味する官僚たちは、あわてて、「商品分析は、もっぱら民間のテスト機関に依頼しているので……」と逃げを打ち「今後、このようなことがないよう厳重に監視して行く」と、通産大臣は野党の質問に答弁せざるをえない事態を招くに至った。

ポッカレモン騒動は『暮しの手帖』の信用度を一気に高め、商品テストの正しさが認められて、掲載号は売り切れになった。

テストの基準

『暮しの手帖』の商品テストの結果は、メーカーの名前といっしょに誌面に発表された。テストの結果が良好な商品は、信頼を倍増されて売れゆきに弾みがつき、期せずして収益が上る。

逆に、マイナス点を付けられた商品は、信頼は失墜し、売れゆきは激減した。

この現況に、商品テストをされる中小メーカーは、色を失った。商品テストの当初は、身近な暮らしの必需品だったから、メーカーの規模は小さく、テストの如何《いかん》によって社は危殆《きたい》に瀕する、社名は載せないでほしいと、泣きつかれたり、電話や匿名で、

「お前の会社に放火してやるぞ！」

「月夜の晩だけじゃないぞ、狸穴《まみあな》の坂でぶっ殺してやるからな……」

と言った、すご味のある脅迫電話があって、消防署や警察に連絡したこともあった。

テストの担当者は、不気味な脅迫にノイローゼ気味になって、花森に「この仕事をやめさせてほしい」と、申し出たことがあった。

申し出を受けた御大は、大声で叱咤激励をすると思いきや、

「ほんとに困ったねえ」

と、商品テストの発想者自身も、困った様子だった。

花森は、日本ではじめての商品テストを『暮しの手帖』誌で公表することに、自らの良心と『暮しの手帖』の命運を賭ける気概があった。

メーカーをはじめ、関連関係からの圧力、抗議、脅迫、隠微な抵抗のあることは、覚悟の上で、一種の戦いであると考えていた。

それ故、『暮しの手帖』誌上で、折にふれ、時に応じて「商品テストは消費者のためではない」「じつは、生産者のためのものである」とか、「ヒモつきでは商品テストが歪められる」「何でもテストするわけにはいかない」「どんな方法でテストするかを自分たちで考える」「商品のよしあしを見わけるメドは何だろうか」「商品テストを商品にしてはいけない」

といった記事を、懇切ていねいに、掲載していた。

それらの記事の中から〝花森イズム〟を的確に述べている語録をいくつかを紹介してみると次の通りになる。

〈商品テスト〉は、はっきり商品名をあげて、よしあしを公表する。もし、そのテストが信頼されていたら、よいと判定された商品は売れるし、おすすめできないといわれた商品は、売れなくなる。

メーカーに主義主張はない。売れるものを作るだけである。よい商品を作れば売れる、となれば、一生けんめいよい商品をつくる。

ときどき、『暮しの手帖』に広告をのせないわけを聞かれる。

理由は二つある。

一つは、編集者として、表紙から裏表紙まで全部の頁を、じぶんの手の中に握っていたいからである。（中略）

もう一つは、広告をのせることで、スポンサーの圧力がかかる、それは絶対に困るからである。

〈商品テスト〉をする人間、つまりテスターはどんな意味でもヒモつきであってはならないのである。（中略）

テスターは、仕事の必要上、ときにはメーカーに質問したり教えてもらったりすることがある。この場合、『暮しの手帖』には、お茶以外にご馳走になってはならないという原則がある。ときに大阪あたりのメーカーへ東京から出向いていくこともある。そんなときは必ず弁当を持っていって、先方に食事の心配をかけないようにする。

テストをする人は、目や耳や舌や鼻などの感覚がすぐれていることが望ましい。こういった人間の感覚は、どうかすると精巧な計器や試薬などよりも、もっと敏感に正確に状況をキャッチするものである。

最後に〈商品テスト〉をやる人に、もう一つの資格があるとすれば、それは、いささかの〈勇気〉であろう。

ひとさまの商品の実名をあげ、テストの結果を公表して、いいわるいをいうのである。慎重の上にも慎重であり、いくども検討して、しかも正しいと確認してはじめて公表しなければならない。（中略）

いかなる権力にも、いかなる圧力にも、いかなる金力にも屈しないで、正しいとおもったことをやりとげる。それには、いささかの勇気が要るというわけである。

『暮しの手帖』でいうと、テスト商品で一番多いのは、毎日の暮しに欠くことのできないもの、しかもそれは、男も女も老人も子供も、貧乏人も金持も使わなければならないもの、たとえば配給米であるとか、しょう油であるとか、石けん、タオル、ナベ、カマといったものである。

第二に、だれにも、どこかの家庭でも要るものと限らないが、人によって、家庭によって、それがあると、ずいぶん便利になり、快適な暮しができるというもの、たとえば換気扇とか瞬間湯沸器とか、あるいは電気冷蔵庫、トランジスター時計、または真空掃除機といったものである。

第三には、必要なものであるか要らないものであるかわからないもの、それはたいてい新しいものだが、テストしてみなければ、どちらともいえないもの、当時では食器洗い機がこれに入るだろう。

経費と日数

商品テストの圧巻は、テストの方法だった。

生活必需品のメーカーは、概して中小企業だったが、それだけに企業生命を賭けて作った商品を、頼みもしないのに、ライバル商品とテストにかけられ、その結果のよしあしを公表される。

マイナス点を付けられたら、倒産することもあるだろう。花森が『暮しの手帖』のテスターに「テストはいのちがけでやれ」と命じた真意は、ここにあった。

商品テストは、どんなときでも〈使っている状態〉で行わなければならなかった。その幾つかの例をあげると、次の通りになる。

家庭で使われている電球のテストは、100ボルトの電圧下で、常時つけっ放しで、何カ月持つかをくらべた。

早いもので二カ月、寿命の長いものなら一年近くも切れないという結果をつかんでいる。

電動ミシンをテストしたときには、一つの銘柄で二台ずつ購入し、その社の技術者を招いて、遺漏がないよう調整した上で、針に糸を通し、一万メートル縫うことにしたのである。

『暮しの手帖』が、そのテスト方法として選んだのは、次の通りだった。

一口に一万メートルというけれども、これは生やさしいことではない。しかも、あるミシンは上手な人が縫い、あるミシンは下手な人が縫うというのでは、正しい結果をみつけることはできない。やはり何十人かの人が、どのミシンも何百メートルかずつ同じように縫わなければならないのである。

それだけの人をどんなふうに配分するか、どんな順序で全部のミシンを縫っていくか、このスケジュールを詳細にきめなければならない。それも三日や十日で縫うのではない。この場合は34台のミシンで前後十一カ月かかっている。

この場合、どの人も、どのミシンでも、おなじように、おなじだけの長さを縫うかどうか、それを正確にチェックしておくということ、そして、折角それだけの人が縫っている最中に、もし一人でも病気になって、それ以後縫うことができない、ということが起こったら、このテストは、多分ある日付からあとの部分をやりなおさなければならないこと、そういう、いわば毎日ハラハラするような気持で、それが、一年近くも続けられていった。

あとでわかったことだが、メーカーでは、一万メートルなどじっさいに布を縫っていたところは一社もなかったし、それどころか、針に糸もつけずに、ただガシガシと適当な時間動かして、それでテストをすませていたことがある。

電気ミシンのテストは、昭和三十九（一九六四）年の七十四号で行われたものだが、このテストにかかった経費は、当時の金額で二百六十万円あまりだった。

その内訳は、

ミシン購入費　百一万二千五百円
布地代　二十六万六千六百三十一円
糸代　八万三千三十四円
協力グループ謝礼　九十二万八千六百円
外部委託試験料　二十万二千四百円
雑費　十三万七千七百四十四円
合計　二百六十三万九千九円

と、高額になった。

ミシン代の中には、テストした三十四台のほか、参考に買った英国製ミシン一台分もあり、協力グループ謝礼は、ランニング・テストのため、毎日、一定の時間、一定の条件のもとに、布を一万メートルずつ縫うために、研究室に通ってもらった人たちへの礼金であった。

その人数は、一日単位で計数して、延べ千三百六十六名であった。そして、一万メートル縫うランニング・テストに要した日数は百五十四日――延べ時間にすると、四千四百八十二時間だった。

大橋鎭子は、この号の編集後記で「商品テストにいくらかかるか」のタイトルで、内情を説明した上で、本文の末尾に書いた文章をさらに強め、次のように結んでいた。


この電気ミシンでも、縫い試験に集まってもらったメーカーのひとたちが、私たちが一万メートルをぬった布をみて、まず異口同音にいったことは、へえ、じっさいに手で縫ったんですか、ということでした。

きいてみると、そのメーカーも、じっさいに針に糸を通して、こんなふうには縫ったことはないらしいのです。

ふつうは、電気を入れて、ただガチャガチャと動かすだけ、針に糸を通して布を縫うとしても、ごく短かい距離を縫うだけらしいのです。

こんどは、私たちが、ポカンと口をあける番でした。

あるメーカーの幹部は、われわれも、ほんとうはこれぐらいのことはしなければいかんのでしょうがねえ、それがどうも……というのです。

いったい、メーカーは、じぶんたちの作ったものを、どんなふうに考えているのでしょうか。

おそろしくなりました。（S）

常識を疑え！

商品テストは、数々の波紋と話題を巻き起こした。昭和三十五（一九六〇）年の五十七号は石油ストーブをとりあげ、商品テストの正しさを実証した衝撃の号だった。

池田勇人内閣の所得倍増計画に煽られ、高度経済成長が始まって、家電の〝三種の神器〟につづく、石油ストーブが急速に普及しはじめていた。

その時期に『暮しの手帖』は、商品テストに石油ストーブを取り上げたのである。テストには、国産の石油ストーブ六種に、評判のいい英国のアラジン社製の「ブルーフレーム」を比較のため加え、「冬」の季節を再現するために、東京・築地の冷蔵倉庫を借りて、その中に小部屋を造り、石油ストーブを置いたのだった。

テスターの編集部員は防寒服に身をかため、室内が一定温度に暖まるまでの時間、灯油の消費量、一酸化炭素がどのぐらい出るか。

さらにストーブの形や色、持ち運びの便利さ。ストーブの安全性を確認するために、どのくらい傾けたら倒れるかを調べた。

花森は、この時「燃えているストーブが倒れたらどうなるか、試してみろ！」と言いだした。

燃えさかる石油ストーブを倒せば、倒れた衝撃で石油が洩れ、引火して火事になるだろう――というのが常識で、誰も試した経験がなかった。

テスターは、心配なので冷蔵庫にしつらえた小部屋から、ストーブを運び出し、車庫のシャッターを閉めて、一台を突き倒したところ、二十秒、四十秒、一分後と経過を見る予定だったのに、たちまち火は天井まで燃えあがり、用意した砂を必死にかけて、消し止めたのだった。

非常事態に備え、水ではなく砂を用意してあったのは、石油ストーブに水をかけるのは危険との消防庁の公式見解があったからだった。

国産製は六種、倒せばみんな火があがったが、ブルーフレームは倒しても、火がストーブの外に出ず、一分間そのままにしておいて起こすと、また何事もなかったように燃えつづけた。

暖まり具合、一酸化炭素の悪臭は皆無。色彩も形も素晴らしく、ブルーフレームは、すべての点で断然トップだった。

鎭子は、このテスト結果に、大きな衝撃を受けた。衝撃の大きさから、この結果を報告する表現に、頭を抱えこんでしまった。

つとめて、やわらかい言いまわしをするために知恵をしぼった上、一酸化炭素が出るストーブのメーカーには、『暮しの手帖』のしきたりを破って、雑誌の出る前に結果を知らせたのだった。

気色ばんだメーカーは、もう一度テストを要請し、行って見たが、結果には変わりはなく、メーカーの社名は明らかにされた。

「雑誌が出ました。そのあと、メーカー側のとった態度については、ここでは書きたくありません。非難、罵倒、中傷の集中攻撃がつづきました」

と、鎭子は書いている。

そして、二年後の昭和三十七年、六十七号で二度目のテストでは、第一位はブルーフレーム製に変わりはなかったが、国産製は前とくらべると、格段によくなっていたのである。

六十七号の編集後記に、この結果を踏まえて、

「もし、二年前に、私たちがあのテストをしていなかったら、こんなによくはなっていなかったかもしれないし、第一こんなに沢山の新しいメーカーもできていなかったかもしれない……。（中略）

私たちのやっているこの仕事、苦労の多い、しかしちいさな仕事がムダではなかった、そうおもわずにいられないからです。うれしいというのは、このことなのです。

また明日から、新しいテストと取りくみます。（S）」

と書いている。

水かけ論争に勝利

「常識」を「非常識」に変えさせる生活思想の持ち主――『暮しの手帖』の「商品テスト」を通じて、世の常識に異をとなえ「ノン」を突きつける花森安治が、新聞、テレビ、週刊誌と全マスコミを巻きこんで「水かけ論争」を展開したのは、昭和四十三（一九六八）年だった。

これもまた石油ストーブがらみで、発端は二月一日発行の九十三号のグラビア記事で「もし石油ストーブから火が出たら」だった。

この号の発売日に前後して、新聞の第三面下段の広告に、「石油ストーブの火はバケツの水で消える」、東京・大阪・名古屋の国電・私鉄の車内広告に「石油ストーブから火が出たらバケツの水をかけなさい」という、花森の独特な文字が躍っていたのである。

当時、東京消防庁は、石油ストーブの火事には、まず毛布で炎をおさえることが先決で、水はそのつぎと指導していた。それ故、同庁の予防課主任は、「水を下手にかけたら灯油に燃え広がり、一般人は火に近づけない。『暮しの手帖』で言っているのは、実験の小理屈だ」と切って捨てたことから、二月七日の朝日新聞朝刊は、燃えさかる〝水かけ論争〟

石油ストーブから火が出たらまずバケツか毛布か／実験派『暮しの手帖』対経験派東京消防庁

の大見出しで、煽りたてたのだった。

時ならぬこの水かけ論争に、メンツを賭けて消防庁は公開実験を行い、問題の決着をはからざるを得なくなった。

日取りは二十一、二十二日と決まり、花森の身辺はにわかにあわただしくなった。

マスコミは、花森に殺到したが、六十日の消火テストをして、「石油ストーブの火はバケツの水で消える」を実証ずみの彼は、

「現在、市街地では、消防車の到着までに時間がかかる。石油ストーブをひっくり返して、なんとか消そうとするのが平均一分半から二分、一一九番が情報をキャッチするのに一分、ポンプ車出動までに一分二十秒等々と、火が出てから消防隊が現場に到着して、防水が始まるまでに早くて十分はかかる」

と、詳細に時間の経過を説明した上で、十分もかかれば、木造の家一軒は燃えてしまう。

「だから、火を出したら、もう自分で消し切るしかないのだ」と、言って、バケツの水で立派に消せることを、とうとう述べたてた。

公開実験は、三鷹市の自治省消防研究所で二日がかりで行われた。

実験の火を消すのは、素人の主婦四人で、毛布と水、それぞれ二十五回行われた。その結果は、初日は引き分け、二日目は水が有利と出た。

二月閏《うるう》の二十九日、自治省が発表した判定は「水が勝ち」という明確な判定ではなかったが、「石油ストーブのそばには、あらかじめ水バケツを用意しておくことがよい」など、事実上水が効果的なことを認めるものだった。

十、『暮しの手帖』一家

鬼編集長の教えたこと

大橋鎭子姉妹三人と、その友人を含め、花森安治を中心に七人でスタートした『暮しの手帖』は、花森あっての雑誌だった。
鎭子は、自伝の中で、そのあたりを次のように書いている。

プランを出し、構成を考え、写真も撮り、レイアウトし、原稿を書き、表紙やカットを描き、校正し、編集部員を動かし、紙を選び、印刷を指示し、製本を確かめる……。雑誌作りのすべてに関わり、最終決定もすべて花森さんでした。

初めの頃は、編集会議のようなものはなかった。プランは鎭子や、妹の晴子、芳子、中

野家子などが、思いついたことを、

「こんなプランはどうでしょう」

と、提案してみると、花森は、

「おもしろいじゃないか。やろう、やろう、でも、そのままじゃだめだから……」

と、必らず補足して、さらに練れたプランを出してくれる。彼女らは、花森の指示に従い、取材し、記事にしていく途中で、何回か花森に相談しながら、一冊に仕上げていく方式を辿った。

超ワンマン編集長だったが、自らを「編集長」とは呼ばせないで、「花森さん」で通し、部員に対しては「大橋クン」「晴子さん」「芳子ちゃん」などと、使い分けて呼んだ。

仕事に対しては、厳しかった。

少しでも、手抜きなどみえようものなら、

「いいかげんなことをするな！」

と、百雷が落ちたような怒りを爆発させた。

たとえば、衣裳箱を撮影するとき、空箱では絶対撮らせなかった。サラリーマン家庭をターゲットにする企画だったら、その主人公にふさわしい衣裳を箱に詰める。洋服ダンスの中にしても同じだった。

料理なども、すべて本ものを揃えて撮らせた。

本ものと言えば、大橋鎮子の心底に徹する厳しい思い出があった。

「編集長　花森安治のこと」と題された一文にその件は、紹介されている。長いので恐縮するが、職人編集者の厳しさを、見事に伝えているので、引用させていただく。

昭和二十六年、十四号のときでした。まだ、そんなにいろんな色の布地がなかった頃でした。工作でつくった組合せ家具を撮影することになりました。そのとき花森さんは紙の色見本を示して、どうしてもこの色の薄手のウール地がいるといいます。それは紅赤でした。紅色というか赤に少しあい色がさしているしゃれた赤です。

紙の色見本を持って、東京のデパートの服地売場を探しました。どこにもありませんでした。銀座の洋服地屋さん、神田や万世橋の服地の問屋さんを探しましたが、やはりありませんでした。

「東京中さがしてもありませんでした」といいますと、花森さんは「どうしても探せ」というだけです。横浜にまでさがしに行きました。それでも見つからず、とうとう染物屋さんにたのんで、白地の薄手のウール地を二メートルほど、その色に染めてもらいました。和服地の染屋さんでしたが、比較的近い色に染め上がりました。

花森は、鎮子が東京・横浜にまで足をのばしても見つからなかったため、染物屋に特別注文して染め上げた紅赤の布地を手にすると、その布で、幅のせまい座ぶとんを作らせ、箱椅子の上に、小巾の紺がすりで作った座ぶとんと一緒に並べて、撮影したのだった。

出来上がった写真は、モノクロだったから、紅赤染めで仕立てた座ぶとんは、赤でも青でもよかったのだ。

花森はそれを、紅赤の微妙にあい色がさした色にこだわり、時間をかけ、どうして鎮子に執拗にさがさせたのか。その気持が解せなくて、彼女はやや気色ばんで、問うたのだった。すると、花森は、噛みつくような顔をして、

「そうだ、この座ぶとんは白黒写真だから、何色でも本当はいいことだ。しかし、これから先、何年かたったら世の中はカラー時代になる。雑誌にも色が使えるときがくる。そのときになって、編集する者が色の感覚がなかったらどうする、そうなってからでは間に合うものではない。時間はないのだぞ。一枚、一枚の写真、これが勉強ではないか、なにを言う」

と、聞き馴れているはずの鎮子でも、たじたじになる鋭い語気で、諭《さと》すのだった。

社長兼一編集者の鎮子に、花森の突き刺さるような語気と、紺がすり座ぶとんの横に添えられた紅赤の無地の座ぶとんの色どりの美しさが、鮮烈な思い出に残った。

色もさることながら、文章には徹底的にしごかれた。鎮子が、初期の頃に書いた文章は完膚《かんぷ》なきまでになおされて、最後の「です」の二字が、残るにとどまったという伝説があった。

「わかり易い言葉以外は使うな！」と断固とした命令が、編集部員には伝えられていた。

文章については、掃いて捨てるほどの花森伝説が残されているが、唐澤平吉著『花森安

治の編集室』に、そのあたりが実にビビッドに描かれている。

唐澤は「文章は話すように書け」の項で花森語録を、次の通りに書いている。

「教えてやろう、というようなニオイのする文章がいちばんイヤラシイ。読者とおなじ眼線に立って、文章を書け」

「やさしく書いたからといって、わかりやすいとはかぎらん。書いている本人がその意味を正しく理解していないと、わかりやすい文章にはならんのだ。一知半解の人間に、わかりやすい文章は書けん。一知半解、二歩後退というんだ」

「ひらがなにすれば、やさしくなるわけじゃない。ひらがなで〈ひじょう〉と書いたら、非常の意味か、非情の意味か、わからなくなる。それこそヒジョウシキだ」

「改行が少ない文章はよみにくい。多くても十行が限度だ。だらだらと長くなるのは、なにを書くのか、頭の中できちんと整理されていないからだ」

「いい文章にはムダがない。木で鼻をくくったような文章には情がない」

「文章をやさしく、わかりやすく書くコツは、ひとに話すように書くことだ。眼で見なくてはわからないようなことばは、できるだけ使うな」

鎮子は、この語録を敷衍《ふえん》するように、生前、私（塩澤）に次のように語ってくれたのを、記憶している。

「花森さんは、文章を書くのが一番つらいといって、原稿を書くときは、一字、一字、判でもおすような書き方で書いていました」

文字通り、彫心鏤骨《ちょうしんるこつ》の思い（花森は、このような文字を書くことを許さなかったが）で文章に取り組んでいたのだ。

彼は心の上ばかりでなく、体の上でも、その準備をおこたらなかった。

「原稿を書く前は、食事の量を少なくしていました。あまりお腹がいっぱいだと、頭の働きが鈍るというのです」

と語ったのは、カメラマンとして、長年『暮しの手帖』に勤めた斎藤進である。

文体能力の高い秘密

文章は、料理のページで遺憾なく試された。『暮しの手帖』に、料理は、衣粧と両輪の役割を担わされていたが、花森は、

「おそらく、一つの内閣を変えるよりも、一つの家のみそ汁の作り方を変えることの方が、ずっとむつかしいにちがいない」

の警句を吐いていた。

この言葉を敷衍して、

「内閣は投票で倒すことはできるけれど、ある家庭の味噌汁の作り方は、当人たちがまずいと感じていても、変わらないものなのです。ぼくらが料理に力を入れているのも、そこなのです」

と、発行誌の料理を重んじる理由を述べ、

「大根とヒジキと油揚げの煮付けといったどこの家庭でも食べる日常的なものをすこしでもうまく作る。そのほうが一見シャレた料理をカラーでのせるよりも、はるかに暮しにプラスする、とぼくらは考えています。こうして、一つずつつみかさねてゆけば、やがて暮しを変えていくことになりはしないか——こういう期待を持っているわけなんです」

と語っていた。

力を入れた料理の頁は、毎回、プロの料理人に、作る料理の話を聞いた後、まずは材料を買って来て、家で作ってみて、その手順を原稿にまとめて、今度はその原稿を参考にしながら、編集部のキッチンで、料理の素人に作ってもらう。

ふだん料理などしたことのない男性編集者が、原稿を読み読み、作らされるのだった。水カップ一ぱい、塩2グラム、酒大さじ二などと書かれていれば、それに従って忠実に作っていくわけだが、原稿に一カ所でもわからないことがあるとなると、花森の大声が爆発するのだった。

「誰だ。こんな原稿を書いたのは！　ちゃんと話を聞き直して来い！」

の一声に、再取材と原稿をわかり易く書き直す。

この積み重ねが、『暮しの手帖』の料理記事は非常に伝達性の高い、読んでよくわかる文章であるの評価になった。

こんな話があった。大江健三郎が『週刊朝日』の書評委員をやっていた時、『暮しの手帖』から刊行された料理の本の書評をすることになり、その料理書の任意のページを開けて、そのページの一品を指差し「では、これを作ることにしよう」と、書かれてある通りの材料を買ってきて、書いてある通りに作ってみた。

そうしたら、料理にはまったく素人の作家にも、立派に賞味に耐える一品料理ができたのだった。

『暮しの手帖』の文体能力が、あらためて認められ、編集部としては鼻高々と思いきや、花森と東大新聞部以来の畏友扇谷正造が、戦後、大雑誌に育てた週刊誌のこの時期遅れの評価に、担当編集者は大いに腹を立てたのだとか。

花森に取材の段階で怒鳴られ、原稿の下見で怒られ、書き直しを命じられて、やっと書き上がった原稿を読んで、素人が作って合格点を得た料理記事——それが『暮しの手帖』の定番料理記事だったのだ。

参考までに添えると、『花森安治㊙エピソード』の第五話に、「怒ると編集部の窓ガラスがピリピリ震えた」のタイトルで、次のような挿話が紹介されている。

花森はよく怒った。それも尋常な怒り方ではなく、窓ガラスがピリピリ震えるほどの剣幕で怒った。

編集部では花森が原稿を読んでいる間、全員が花森の「気配」に注目した。原稿の出来がいいと彼は上気嫌で「パンパカパーン、まるで進軍ラッパが鳴っているようだ」と言う。やがてだんまりが来る。担当者一同、体がこわばってくる。「みんな集まれ」――雷が落ちる合図の言葉だ。

メガトン級の怒り

また、直しの赤ペンを入れずに原稿を揃える音が聞こえる時も、雷の前触れだった。「アカを入れるに値しない原稿」の意味で、凄まじい怒り方をしたという。

怒りは担当者全員に、その大声から編集部全体へに向けられていた。彼は、次のように怒鳴り上げたのだ。

「こんな、うじゃけた原稿が上がってくるとはどういうことだ!?　ジャーナリストはペンを磨くというが、君たちが怠けている間に奴らは剣を磨いているぞ！」

編集会議は、当初は季刊誌で社員も少人数だったから、鎮子、晴子らの思いつきプランを花森に伝え、採用となれば必ず、花森のアイディアが付けられて進行していた。

ところが、『暮しの手帖』の部数が伸び、季刊誌から隔月刊誌に発展していくにつれ、社員も増えていった。

隔月刊誌になると、二カ月に一回の編集会議になり、会議は一日めが買物会議、二日めが本文会議と、二日間にわたった。

会議には、編集部は当然として、営業もふくめ全員が参加。プランは三つは提出することになっていた。

全社員が三本以上提出するわけだから、全部で百五十本以上になる。それを、白いスチール製の机を長方形にならべ、奥にならぶ机の列の中央に陣どる花森編集長の隣席の鎮子が、順に読みあげる仕組みになっていた。

『花森安治の編集室』を書いた唐澤平吉の「編集会議は会シテ議サズ」を、引用すると次の通りになる。


鎮子さんは、いちどに六人分のプランを上程します。それでこれらのプランの可否を全員にあおぐわけですが、じつはそのほとんどは花森さんが即座に決めました。会議とはいっても、みんなで意見を交換し、議論することはめったにありません。

つまり、苦心して提出したプランを、ワンマンがどのように評価するか――その裁定の

『暮しの手帖』一家

社員全員で開かれる編集会議。中央が花森安治。その左が大橋鎮子。

研究室で陣頭指揮に当たる花森安治。左端は大橋鎮子。

基準、根拠、必然、考え方といったものを、門弟たちが恐る恐る教わる態の——会して議さずの会議だったのである。

「そんなわけで……」と、唐澤はこの後に展開される光景を、つづけて述べている。

鎮子さんが読みあげて、花森さんが興味をしめしてコメントをさしはさんだプランは、ひとまず可《よし》。とるにたらないプランは歯牙にもかけず無視。問題なのは花森さんの逆鱗《げきりん》にふれるプランでした。

どのようなプランが、花森の逆鱗にふれたのか。唐澤が結果をつめて、次の五点をあげている。

上からひとを見下すような内容になるプラン
弱者の手をひねるような無慈悲なプラン
暮しをないがしろにするようなプラン
正義ヅラをするプラン
読者に説教でもたれようかとするプラン

花森は、この種のプランのニオイをかぎつけるだけで、怒髪《どはつ》、天を衝くいきおいで怒りだしたという。

「怒髪、天を衝く」とは、時代がかった表現に聞えるが、花森の怒りのさまは、すさまじいの一言に尽きたようだ。

身長は百六十五センチと並みだったが、体重は八十キロもある男が、全力を賭けて怒鳴るのだから、風圧を伴うほどにすごかったのは理解できる。

学習院大学を出て、暮しの手帖社に入社し、明けても暮れても「商品テスト」を、何百、何千回と繰り返させられた作家の森村桂は、その体験を次のように書いている。

「誰だ、これをやったのは」

「はい私です」（中略）

気がついてみると、私は、もう、倒れそうなほど怒られている。べつに暴力で怒るのではないのだが、大声で怒るということはそれと同じだということを私は知った。目の前の、ピタッととまって決して動かなかった空気が、ブルブルビリビリと震えるのである。それでそのブルブルビリビリが私のヒタイの上を、バンバンとたたくわけである、これが暴力でなくて何だろう。（『違っているかしら』）

唐澤平吉は、いま一つ、『暮しの手帖』の誌面に、いちどとりあげたプランや、編集者の趣味をプランにしたものは、「オウチャク」と受け取り、「ぼくの眼の黒いうちは、ぜったいに出すな」

と怒鳴ったと書いている。

彼は、入社した最初の本文編集会議で、三つ出したプランの一つに、日本人の手わざとして、熊本県の山鹿灯籠《とうろう》をあげ「灯籠」と漢字で書いて提出したばかりに、すさまじく怒鳴られていた。

家の事情で、一年間だけ熊本の山鹿市に住んだことがあり、八月の灯籠祭りを体験していた。

唐澤は、次の通りに書いている。

山鹿灯籠は、和紙とノリだけで作られた建築物の模型です。とりわけ日本の代表的な寺院や城、古い民家などが和紙によって精巧に作られています。瓦の一枚一枚、柱の一本一本まで、実物そっくり、それは見事な手工芸です。

わたしはそれをプランに書きました。そこでは当然「灯籠」という文字をつかわなくては話になりません。しかし、その漢字に鎮子さんがつっかえたのです。そのとき花森さんが鎮子さんの手元のわたしの書いたプランをのぞき、とつぜん大声でどなりました。

「バカはどむつかしい漢字をつかいやがる。むつかしい漢字をつかえば、文章が高級にでもなるとおもったら、大まちがいだ。だれにでもわかる字を書け。バカには『暮しの手帖』

の文章は書けんのだ。よくおぼえておけ」

唐澤は、「鉄は熱いうちに打て」とばかり、最初の編集会議で一撃をくらったことから、以後、文章を書いたり、言葉を選ぶことに、慎重になったそうである。

菊池寛賞を受賞

花森安治と大橋鎮子の二人三脚でスタートした『暮しの手帖』が、「婦人家庭雑誌に新しき形式を生み出した努力」を認められ、日本文学振興会の第四回菊池寛賞を受けたのは、昭和三十一（一九五六）年である。

菊池寛賞は、日本文化の各方面に遺《のこ》した故人の功績を記念するために、昭和二十八年から始まった賞であった。

受賞の対象は、菊池が生前、関係の深かった文学・演劇・映画・新聞・雑誌出版の五部で、その年度に最も清新にして、創造的業績をあげた人、あるいは団体だった。

選考は、大谷竹次郎、永田雅一、山本有三、阿部真之助、石川武美が、行っていた。受賞すると、一部門に、十万円贈られた。

毎年、菊池寛の命日の三月六日に発表されていて、第四回の受賞は、次の五人だった。

荒垣秀雄　「天声人語」の執筆
長谷川伸　多年の文学活動とその著作『日本捕虜志』
花森安治と『暮しの手帖』編集部　婦人家庭雑誌に新しき形式を生み出した努力
河竹繁俊　多年にわたる歌舞伎研究
淡島千景　本年度に於ける演技の著しき進歩

雑誌出版部門の選考にかかわった『主婦の友』創業者の石川武美は、『暮しの手帖』を選んだ理由を、次の通りに述べていた。

一つの雑誌が一つの性格をもち、自分の道を進むことは容易ならぬことである。外国の場合を考えても、雑誌には、おのおの性格があり、独創に力をそそぎ、同業者でも、他人の独創に敬意をはらい、まねはしない。わが国でも、かつては、そうであった。ところが、このごろは、遠慮なくまねをする。以前は、出版業が営利的に、容易に成立しなかったものだが、最近では、営利的に有利になりはじめたために、もほうするものが続出しだした。こんど、『暮しの手帖』に菊池寛賞がおくられたことには、私も〝独創〟を重んじるという意味で賛成だ。（後略）

『文藝春秋』四月号の「受賞寸描」に、浦松佐美太郎が「誠実な『形破り』」と題し、次のように述べていた。

（前略）読者のためを思う誠実は、雑誌の仕事の上に現れる。読者のために役に立つか立たないか。これが一番簡単な判断の方法であり、カネを払って雑誌を買う読者は、それで雑誌を判断しているのだと言っていいだろう。

ゴマカシのきかない事実である。だから、いい雑誌は、ページ数ではなく中身がずっしりと重く、編集の丹念さが、まるで掃除の行き届いた住宅のような美しさを作り出しているのだ。『暮しの手帖』が成功した秘訣などというものはなさそうである。結局は、この編集部の誠実さということにすべてが帰着するのである。そしてこのことはまた、婦人雑誌だけでなく、ジャーナリズム一般にとって、大切なことを反省させることともなるだろう。こんどの受賞は、その意味でも大きな意義があったと言える。この編集部がいよいよ脇目もふらず、更に将来のための雑誌作りに専念することを希望したい。

菊池寛賞の副賞十万円は、当時の社員十七人に、モンブランの万年筆とスイス製のエテルナ・マチック時計に「菊池寛賞受賞記念」と彫りこんで贈ることにした。

因みに、雑誌出版部門で受賞しているのは、

第一回　扇谷正造を中心とする『週刊朝日』編集部と岩波書店（写真文庫）

第二回　岩田専太郎の挿絵及び表紙
第三回　石山賢吉　雑誌経営並びに編集者として一貫かわらざる精進であった。

翌三十二年、第五回に大修館書店が諸橋大漢和辞典の出版への苦心、三十三年の第六回が、石川武美の婦人家庭雑誌の創造と確立のため、四十二年一貫して編集経営に従事し、戦後はその大型化の先鞭をつけた努力に対して贈られる事実を知ると、花森安治と『暮しの手帖』編集部は、婦人誌の大先輩・石川武美の四十二年のキャリアの六分の一の期間で、権威のある賞を受賞したことになる。

先達、石川武美の姿勢

参考までに、『暮しの手帖』の六倍の歴史を持つ婦人雑誌のパイオニア、主婦の友社・石川武美のプラン採用の経緯を、本郷保雄の言葉を借りて明らかにしてみよう。

本郷は、大正十三（一九二四）年に、創刊八年の、発行部数二十二万部の『主婦の友』編集部に入り、取材記者、編集部長を経て、昭和十一年に取締役編集局長に就任、編集長も兼任した。

そして、太平洋戦争開戦の年——昭和十六年の新年号で、戦前・日本雑誌史上空前の百六十八万三千部を発行していた。

〝大本郷〟と畏敬されていたが、その大物編集者が、同誌の立案委員三人のひとりに選ばれたのは、局長に就任時だった。三人の委員が立案した「案帖」を、石川社長に提出して指導を受けたうえで、局長の本郷が一冊にまとめあげる役割だった。

初陣にのぞんだ本郷は、〝文殊の知恵〟プランを提出した。

だが、その案を一目見るや、石川武美は、

「こんな貧弱な案ではダメだ！」

と、きびしくやり直しを命じた。

頭から冷水をかけられた思いになった本郷は、家に帰ると神田明神に祈願をこめ、再度必死の思いで立案にかかり、夜明けの五時にようやく床についたが眠れない。

その時、彼が取った行動は、次のようなものだった。

編集会議までには、まだ四時間もある。ここで眠ってしまったのでは、案はこれまでだ。あと四時間がんばれば、すばらしい案が浮かぶかもしれない。私は飛び起きて、出社ぎりぎりまで、一睡もしないで案に取り組んだ。それを清書して神棚に上げ、祈願をこめた。編集会議の直前には、屋上に出てまた祈りつづけた。

こうしてでき上がった編集案を、石川社長はあの鋭い目でじっと見ておられたが、初めて微笑を浮べて「今度は充実した」と言われた。

頭脳と肉体を極度に酷使し、知恵と努力のかぎりを尽して祈りの心で立案する——これが石川精神であることを、私は思い知らされたのである。


本郷保雄は、この石川武美の下に、二十六歳から四十八歳まで、満二十二年間勤務し、骨身に徹して石川イズムを叩き込まれ、その出版人としての生涯を、石川スピリットに生きたのだった。

因みに、『主婦の友』は、一万部でスタートしていた。実益に徹し、どの頁のどの記事も、小学校卒業程度の読書力でスラスラと読めるように配慮し、地道に部数を伸ばしていった。

創刊の翌年、大正七年の新年号は三万部刷ったが、三割五分近い返品を食らい、出版業が投機ではないことを骨身にしみて、知ったのだった。

スタート早々の失敗は、石川武美に深い教訓を残した。彼は、出版という事業は、零細な利益を蓄積し、地道にじっくり経営すべきものであると肝に銘じたのである。

そして、編集員の守るべき五つの戒めを明文化し、自らも守ると共に、社員にも固く守らせるようにした。

一、一行の記事といえども、読者のために非ざれば書くべからず。
二、自己の知識を誇るために、または自己を知られんために、一行の記事といえども書くべからず。
三、自分の知らぬことを、知ったかぶりして書くべからず。
四、他の悪事を書くなかれ。善事を書くことに骨を折れ。
五、よい加減のことを書くなかれ。事実を探究したうえで書け。
石川武美のこの戒めは、昭和二十三年に創刊された、花森安治・大橋鎭子の『暮しの手帖』に、表現こそ異なっているが通底しているものがあると考えるのは、牽強付会にすぎるだろうか。

鎭子のアメリカ旅行

大橋鎭子が、アメリカ国務省の招待で、雑誌畑で活躍している『文藝春秋』の池島信平、『週刊朝日』の扇谷正造、『旅』の戸塚文子と共に、視察旅行に出発したのは、昭和三十三(一九五八)年四月二十九日だった。

鎭子は、旅先で実にこまめに、いろんなものを見て、驚き、感動、考えたこと、編集に役立つことを、花森と編集部へ宛てて書き送った。

当時は、自由に外国へ行くことのできない時代だっただけに、敗戦国から戦勝国への旅は、少なからずのカルチャー・ショックを与えられた。鎮子も、その一人だった。

それは、送られた手紙の中に書き込まれていて、旅の日程に従い、彼女が受けた驚き、感動、反応ぶりを、任意にピック・アップしてみると、次の通りになる。

〈ワシントンD・Cより〉

国務省は実に親切に事を運んでくれます。みんな親切な上、私のような女の人が、パブリシャーでプレジデント、ということが不思議でたまらなく、どこでも質問が出ます。なかには「貴女を招待したことは、最近の国務省のヒットだ」なんて言うくらいに大切にされています。なにかみんな、日本を見直して、私のような人がいるのを驚いています。だから、とても疲れます。

〈ボストンより〉

アメリカは美しい国です。私にはぴったりらしいのです。建築のほとんどが、花森さんが画くカットの家そっくりです。家の中もロココ風の家具がたいてい置かれています。花森さんに見せたい、見せたいと思います。昨日はロックフェラーの家も見ました。ウェズリー女子大学の立派なことはお話になりません。待合室が、伊豆の川奈ホテルのロビーより大きく、すばらしいのには感心するより呆れました。

〈ニューヨークより〉

十七日（注・六月）メーシー百貨店に行き、そこの女の人にいろいろ話を聞きましたが、いちばん感激したことは、メーシーは、お得意さんより、八千人の店員を大切にしていることです。そのことをはっきり、その女の人が言い切っています。ほかの日本の経営者にはわかりませんが、私はハッとしました。これが世界一になれた大きな原因だということです。（中略）

もう一つ、メーシーの売上げの七五％が電話の注文とのことです。『暮しの手帖』も考える必要がありますね。

〈ニューヨークより　2〉

ニューヨークでは、いろんなことが多くてびっくりしています。

二十七日（金）に記者クラブで昼食の会があるからと参りました。女の記者と男の記者が二十人ほどでした。その席上で『ベアレンツ・マガジン』のジョージ・J・ヘクトさんからメダルをいただきました。

presented to Shizuko Ohashi for creare ative excellence in Journalism for women

と刻んである直径七センチほどのメダルです。この会には、副領事が出席して「こんな光栄なことはない。日本の女の人でこういうメダルをいただくのは初めてだ。日本を代表してお礼を申し上げる」と挨拶していただきました。これは『ニューヨークタイムズ』にも載りました。

どこへ行ってもお姫さまのように大切にされて大変です。結局、花森さんの偉い分も、私が偉いようになって、少しきまりが悪いやら、申し訳ないやらですが、「花森さんという優れたチーフ・エディターがいるから」と話しますが、私が偉いと思われるのです。

鎮子が、この時に受けたペアレンツ・マガジン賞とは、一九二五年に同誌を創刊したジョージ・J・ヘクトが、五年後の三十年に、「子どもや、家庭について、よい仕事をした人に贈る」という趣旨で始めたものだった。

だいたい、一年に一人の受賞者で、鎮子の前の受賞者で、日本人にも馴染みな人をあげると、子どものための教育映画や科学映画を製作して、子どもに豊かな夢を与えたウォルト・ディズニー。小児マヒのワクチン発見者のジョナス・ソーク博士。喜劇俳優で、戦災国の子どもに、ミルクを贈るユニセフの仕事に尽力したダニー・ケイ。子どもの福祉事業に力を入れている自動車王・フォード二世。エリノア・ルーズベルト元大統領夫人などなど、そうそうたる人物ばかりだった。

鎮子は、ペアレンツ・マガジン賞のいわれを説明し、日本人でもわかる受賞者数名を紹介したあとで、

「そして、賞をおくられた人は、これまではみんなアメリカ人か、アメリカに住んでいる人に限られていました。外国人にこの賞をおくったのは、今年が初めてということでした。（中略）

この賞をいただいて、しみじみと思いましたことは、読者の皆さま、本屋の皆さま、かげになり日向になり、お力添えくださいました先生方への感謝、そして、もっともっと努力しなければ、ということでした」

と『暮しの手帖』があっての受賞であることを、書き添えていた。

アメリカで得たもの

名の知られた婦人誌を発行する出版社は、精力的に訪問し、『暮しの手帖』に役立つ編集のノウハウは、見聞した。

「商品テスト」では『暮しの手帖』の大先達格のグッドハウスキーピング社は、三日間にわたり見学している。そして、同社の台所で作った料理を、鎭子が「ステキな食堂」と手紙で書く食堂で御馳走になり、「写真を撮るところが見たい」と所望して、スタジオを見せてもらい、『暮しの手帖』の撮影法と同じであることを確認していた。

二日目は、商品テスト室を見学させてもらった。実に立派な、行きとどいた設備に目を見張ったが、彼女は、その理由を次のように書いていた。

感心したことは、たとえばグッドハウスキーピング社の人は、いつでも自分の着ているものを洗濯室で洗ってもらうのです。そうすると洗濯の技術の人や係りの人が、洗う前に寸法を測って、縮んだかどうか、たえず検査と勉強ができるわけで、うちなら花森さんのシャツも板谷君のランニングも、記録をとって洗うことになります。その点『暮しの手帖』のやり方とそっくりです。

美容室研究室では、みんなここで髪を洗ってもらい、パーマをかけてもらいます。それも、いちいち記録に残っていくわけです。編集のやり方なども伺いました。（中略）

テスト室は、日立か東芝の工場のようで、じつに、想像もできないような設備で検査していました。『暮しの手帖』が取り上げる商品とかなり違います。

発行部数八十五万部。技師は男ですが、総取締りは女の人。その人が、『暮しの手帖』がすばらしいとほめてくださっていました。

鎭子は、長旅の疲れで、シカゴに到着と同時に、胃潰瘍で十日間ほど、寝こんでしまった。この病気がきっかけになって、渡米以来なんでも珍しく、なにもかもステキに見えて驚きと感激つづきだった心象に、翳りがでてきたのである。

彼女は、その心境を、手紙で次の通りに書いた。

……たしか『ハウス・アンド・ガーデン』や『グッドハウスキーピング』に出てくるステキな家ばかり見て、とてもすばらしいと書きましたが、あまりにも飾りすぎて、ステキだと思った家が、だんだんつまらなく見えてきて、かえって日本の民家のよさが、胸にこたえてくるのです。

台所をたくさん見ましたが、飾りすぎて、見てくれが多く、本当に生き生きとした台所がほとんどなく、私のうちの台所あたりが満点という気がしてきました。

「住めば都」という俚言《りげん》がある――四月二十九日から八月二十八日まで、四カ月に及ぶアメリカ旅行は『暮しの手帖』社長兼一編集者にとって、あらためて日本のよさを実感させると共に、数多くの学習と、雑誌に活かせるノウハウを、山ほど拾うことができたのだった。

「なかでも、強く思ったことは」と前置きして、鎮子は次の六点を箇条書きにしていた。

・女性が大事にされていること。メーシー百貨店の店員への対応もそうでしたが、ペアレンツ・ウーマンズを訪ねたとき、ますますそう思いました。

・グッドハウスキーピングの商品テストが、実際に着てみる、使ってみる、が中心で、『暮しの手帖』そっくりだったこと。

・アメリカの雑誌の売り方のものすごさ。ことにベターホーム・アンド・ガーデンの、本屋さんに行くくせのない人、本や雑誌を買う習慣のない人に、一度買ったら続けて買ってもらうための努力。あの積極性は『暮しの手帖』も見習わなければなりません。今の売り方は殿様の商法みたいです。

・別冊、特集にもっと力を入れること。

・アメリカの「ふきん」のサンプルがいろいろ買えたこと。これが『暮しの手帖』五十四号（昭和三十五年　一九六〇年）の、ふきんの特集、日東紡との共同研究につながりました。

・なによりものお土産は、撮影用のボールキャットとバック用の紙が買えたこと。このおかげで、撮影がスムーズに、しかも、きれいに撮れるようになりました。

「なによりのお土産」にあげてあるボールキャットとバック用の紙とは、アメリカに定住していた画家の猪熊弦一郎の世話で、ファッション誌の「ヴォーグ」の撮影見学をした時、スタジオで、とても便利な棒が使われていることを発見し、土産に持ち帰ったものだった。手紙に、その件は次のように予告されていた。

『ヴォーグ』のスタジオでは、とても便利な棒が使われていました。これがあると、ずいぶん撮影のとき助かる道具なのです。ボールキャットといって、移動柱とでもいいますか、伸縮自在で、どこにでも立てられ、相当の重さも支えられる直径五センチくらいのアルミの棒です。ライトもつけられるし、二本を立てて横棒を渡し、それにバックの紙や布がかけられるのです。

ロス郊外で作っているそうですから、ぜひ買って帰りたいのです。バックの紙は三メートル幅くらいの巻紙になっていて各色あります。一ドルが三六〇円ですから、ものすごく高いのですが、なんとか都合をつけて買います。

暮しの手帖社の仕事場

「社長兼一編集部員」を自称する、大橋鎭子の面目躍如としたアメリカ土産だったと見るべきだろう。

暮しの手帖社は、昭和二十八年に銀座の日吉ビルに編集部を残して、港区東麻布にスタジオ兼実験室を建てて、料理を作ったり、デザイン、撮影は麻布で行うようになった。編集とスタジオ兼実験室が分かれることになり、銀座と麻布を行き来していたのでは大変なので、追々、麻布に統一されていく。

衣・食・住の暮らしを基調にした雑誌で、料理を例にとれば、台所でさまざまな料理を作り、試食し、撮影して、雑誌に掲載していくから、その設備をととのえておく必要があった。

私も取材を許されて訪問したが、玄関で靴を脱ぎ、スリッパに履きかえる仕来りに、まず軽いカルチャー・ショックを受けた。

何度か少しずつ土地を買い足し、花森安治の設計図に基づいて完成したその暮しの手帖社は、全体を研究室と呼んでいた。

一階は総務と販売部。そして工作室、フラスコやビーカーなどを使う実験室、洗濯室となっていた。洗濯室は一番広いスペースをとり、水を使う故、床はタイル張りになっていた。二階は、台所付きのメインスタジオと編集室、写真室。それにやや小ぶりの花森と、鎮子の部屋があった。

暮しの手帖社の自慢は、スペースのレイアウトにあって、私は、一通りの説明を受けた。鎮子の自伝の「『暮しの手帖』一家」の項には、次の通りに説明されている。

スタジオと編集室はそれぞれ約三十畳、間仕切りで仕切ることができましたが、ほとんど広い一部屋として使っていました。

台所は壁際に大きいのと小さいのがそれぞれ一つずつ、大きいほうでは、撮影のための料理を作ったり洗い物をするほか、編集部員の食事のしたくにも使っていました。

小さい台所には、普通の家庭のサイズの流し台や一般家庭用の火力のコンロを取り付けてありました。家庭の台所の使い勝手がわからないと困るからです。撮影するにしても大きいキッチンでは真実味が出ないからです。（後略）

研究室には三尺×六尺程度の組み立て式の同じ机が全部で四十台ぐらいあったでしょうか。撮影用の原稿を書いたり、資料を置いたり、編集用の机として使っているものもありましたが、そのうちの六台は組み合わせて食卓テーブルのように台所のそばに置いてありました。

撮影があるときは料理を並べたりしますが、三時のお茶の時間や食事どきになると、みんながここに集まっておしゃべりをします。（中略）

編集会議となると、スタジオにバタバタと机をロの字に並べ直して、みんなが集まります。クリスマス会やお誕生会も開いていましたが、そのときも同じです。

同じスペースで、原稿を書いている人もいれば、ミシンをかけている人もいる。編物をしている人もいる。料理のにおいもする。議論をしている声も、叱られている声も聞こえる。

花森さんは絵やカットを描くとき以外、多くの時間をここで過ごします。お客さんが来ても、台所のテーブルや、編集室の一隅に置かれた家庭用の応接セットで、応待していました。

私も、ここで取材をさせてもらったものだが、いまも鮮烈に印象に残っていることは、編集室に置かれた机には、引出しの類が一切ないことだった。

その種のものがあると、不必要な物をため込み、ゴミ置場のようになるので、花森は一切許さなかった。

社員が、外来者に会うと、一人ひとりが丁寧な挨拶をしてくれるのも、印象的だった。

ついでに書くと、花森安治は研究室のなかに、大部分の時間を過す台所につながった編集室の大部屋と、カットを描いたり、レイアウトをする中くらいの部屋を持っていた。

この大部屋に置かれていた机は、花森が大政翼賛会時代に使っていた机の説があった。クリエイティブ・ディレクターの馬場マコトが『暮しの手帖』第五世紀四百十一号に書いた「花森安治の机」によると、次の通りだ。

主がいなくなった暮しの手帖編集室には、花森が長い間使っていた大きな机だけが残った。それは大政翼賛会技術室で報研が使っていた机だった。その机を囲んで、花森、山名たちが、戦意高揚広告の良し悪しを、真剣にとことん話し合った机だった。

花森はその机を何度もペンキを塗り替え使い続けた。針の筵《むしろ》に座るように、この机の前に座り続けること。この机から『暮しの手帖』を世に送り出すこと。それが翼賛会時代のことを一切封印した花森の、自らに課した償いだったかもしれない。

報研とは、昭和十五年から五年間「報道技術研究会」委員長・山名文夫に率いられて戦意高揚広告を行っていた組織だった。

もう一つ、表紙を描くときに使う専用の部屋があった。ここには、疲れたときには休めるようにベッドが置かれていた。

専用部屋で表紙に没頭中は、誰も入ることを許さなかった。張りつめた気力をそがれることを嫌ったのである。

花森安治が死去後、私は専用部屋を鎮子に見せてもらったが、机の上には生前そのままに、ハサミ、定規、きれいに削り揃えられた長短のエンピツが、整然と揃えられていた。

机の上を整理するのは、鎮子の妹・芳子だった。原稿用紙や文房具の縦横の線が、少しでもずれていたり、定規が曇っていたり、消しゴムが汚れていると激怒し、仕事を放棄してしまったという。

隔月刊であるとはいえ、『暮しの手帖』は定期刊行物だったから、花森の描く表紙をはじめ、原稿ができあがらないことには、進行しない。

鎮子の神経が、スリへるような思いになるのはこんな時だった。花森も、『暮しの手帖』の表紙を描くのには、毎号、苦しんでいたことは間違いなかった。彼が、専用部屋にこもったとなると、編集部員の神経も異常に高ぶり、話声さえ抑えたものになった。

『暮しの手帖』の一号一号は、こうした〝神経戦〟の集積だったといえるだろう。

この母にして

ここで、『暮しの手帖』の起点になった大橋鎭子の母・久子の活躍ぶりを紹介しないと、片手落ちになる。

久子は、昭和五（一九三〇）年十月一日に夫の武雄を結核で失っているが、その葬儀の喪主を小学校五年生の長女・鎭子に務めさせた女性だった。

鎭子は、その時の心境を「母はあえて、一歩退き、長女である私を前面に立てたのでした。たいへんでしたが、やりとげました。挨拶もしました。私が度胸のある人間になれたのは、小学生の頃から私を認め、立ててくれた母のおかげだと思います」と自覚を持たせた配慮に、数十年感謝の言葉を寄せている。

その母・久子は、花森安治と鎭子が〝二人三脚〟で『暮しの手帖』を創刊するや、刺繍《ししゅう》や裁縫が得意だったことから、雑誌に載せる服や小物を、積極的に作ってくれたほか、日本の家庭に伝わる、日常のおかず、子どもたちの遊び道具——祖母や母の手を経て伝えられている伝統的な生活文化を企画するとき、知恵袋のような役割を、はたしてくれたのである。

鎭子の自伝『「暮しの手帖」とわたし』には、妹の晴子、芳子も参加させ、文字通り一家ぐるみで始めた仕事に、母・久子がどのように深い関わりを持ったのかを、次のような具体例をあげている。

たとえば二世紀六号（昭和四十五年・一九七〇年）でご紹介したらっきょう漬けの作り方は母の作り方そのままでしたし、二世紀一号（昭和四十四年・一九六九年）でとりあげたお手玉の作り方も母に教わったものでした。だいぶ後になりますが、別冊「ご馳走の手帖」（平成二年・一九九〇年）でご紹介した「ぞろりこ」は、冬になると母が作っていたもので、イクラの醤油漬けのことです。買えばとても高価ですが、家で作れば安く、しかも簡単。家庭をきりもりしていた経験が生かせました。

思えば、ものを作ることの不思議さ、楽しさ、毎日の暮らしに手間をかけることから生まれる幸せを、身をもって教えてくれたのも母でした。父の看病のかたわら、娘の私たちに作ってくれたすばらしい編み込みのセーターや、バラのビーズ刺繍をあしらったビロードの服、どんなにうれしかったことでしょう。

花森さんも早くにお母さんを亡くされたこともあったのでしょう。「おばあちゃん、おばあちゃん」と大事にしてくれ、なにかにつけて「おばあちゃんに聞いてみよう」と言いました。

鎮子の母・久子の『暮しの手帖』に対する献身は、編集部員を大橋一家の一員と考えていたからであった。

商品テストなどで、徹夜になることはめずらしくはなかった。そんな時、徹夜明けの編集員に、おにぎりや赤飯、ごぼうやにんじんの煮しめなど、戦前の日本の家庭に見られた献立の料理を、差し入れて来てくれた。

それのみか、編集者の家族に病人がいると聞けば、栄養のある特製のスープを作って来て、

「これを飲んで元気になって下さい」

と、届ける心遣いも見せた。

久子の『暮しの手帖』に対する驚嘆すべき献身は、亡くなるまで『暮しの手帖』を、自分の金で、町の本屋から買いつづけていてくれたことだった。

通常、長女を柱に、妹二人が勤め、自身も縫いものの編みものの手伝い、家庭の小料理や子どもの遊び道具の企画の相談を受けていたら、『暮しの手帖』は、もらって当然だった。

「暮しの手帖のおばあちゃん」は、それを、毎号、町の本屋から買っていたのである。

余談ながら、私は大橋鎭子に何回かインタビューをこころみ『創刊号に賭けた十人の編集者』(流動出版)『雑誌をつくった編集者たち』(廣松書店)『出版その世界』(恒文社)など、何冊かの拙著に書かせていただいている。そんな経緯から、『暮しの手帖』は大橋鎭子の生前から毎号贈呈を受け、愛読しているが、鎭子の母・久子が、亡くなるまで買いつづけていたと知った時には、強い衝撃と深い感動にうたれた。

鎮子の母がおばあちゃんに位置づけられた『暮しの手帖』編集部は、「編集部というより、『暮しの手帖』を作っている家族、という感じ。会社というより、家庭のよう。あたたかみのある、愉快な場所でした」

と、鎮子も書いているのは、八十歳を越えたおばあちゃんまでが企画に参加し、体験から得た暮らしの知恵を教え、働く者への温かい心づかいをしていたからだろう。

〝おかめ八目〟の花森評

菊池寛賞の受賞によって『暮しの手帖』の知名度、出版界での存在感が増したことは否めなかった。

が、同誌のユニークな誌面に先行して、その存在をひろく知らしめたのは、花森安治自身であった。

彼は、〝鬼ガワラ〟だの〝どんびき〟といった高校、大学時代からのアダ名が物語るように、特異な容貌の持主だった。その花森が、髪にパーマをかけ、スカートをはいて白昼堂々、銀座通りを闊歩している……の噂が、マスコミ界に流れはじめたのである。

徳川夢声は、花森のいでたちを〝神変不可思議〟と評し、花森の言動を知る面々は、一見、奇矯な恰好は、広告を載せない『暮しの手帖』を世に知らしめ、売らんがための宣伝――と取沙汰したものだった。

それらの噂、風評に対して、花森は、

「……とにかく、人間には自分を他の人より目立たせるようにしたい、という本能がありますぼくのもそれです。普通の人と同じ恰好をしたくない」

と言い、髪にパーマをかけた理由について、

「この髪ね、これは男は何も髪を短くしなければならんというわけはないでしょう。長くしている以上、パーマをかけているほうが便利なんですね」

と、単純明快に答えていた。

花森の心の底には、陋習や慣習に対するレジスタンスの気持があり、一方では、自己韜晦《とうかい》もあったことは否めなかった。

先にも書いたが、戦後の昭和二十年代から三十年代にかけて、担当する雑誌を飛躍的に伸ばし、名編集長の名をほしいままにした人物がいた。『文藝春秋』の池島信平、『週刊朝日』の扇谷正造、『暮しの手帖』の花森安治だった。

三人の鼎談《ていだん》「おかめ八目」が、NHK放送ではじまったのは、二十八（一九五三）年一月からで、三人の親交は、「おかめ八目」が追風となって、一層深まった。髪の毛にパーマをかけ、スカートをはいたと噂された花森伝説の傑作は、池島信平との旅行先で起きた。

池島の「ボーヨーとした常識人」に、その件が次のように書かれている。

ＮＨＫの講演会で、花森安治と一緒に札幌に行ったことがある。札幌を済ませて、大急ぎで翌々日、仙台へやって来たが、講演時間まで二、三時間余裕があるので仙台の宿でアンマをとることにした。

寝巻に着がえる花森君を横目で見て、彼の肉体美に感心した。陸軍上等兵だったというが、なるほどなァと思わせる体格である。

うすら寒い日なので、二人で床をならべて、むなもとまで蒲団をかぶっていると、ガラリとふすまを開けて、目の見えるアンマさんが入って来た。

二つの床を眺めながら、彼女はしばらくためらっていたが、やがて、

「奥さんのほうから、お先にもみましょうか」と言った。

私が蒲団から跳び上ったのはいうまでもあるまい。（中略）

花森安治というと、人はみんな彼の異様なる服飾美学的な扮装について、好奇心をもつ。しかし長くつき合ってみると、この服装も気にならぬし、彼のいかにも常識人としてのボーヨーたるところが逆に魅力的になってくる。

「人間は、自分のしたいと思う服装だけは、する権利がある」

というのが、彼一流のロジックの根本である。（中略）

「花森安治には才能がありすぎる」

別に才能を整理しろという意味ではない。いまのままでよいのだ。ただ、花ちゃん、ス

カートをはくことだけは勘弁してくれ、——という個人的注文を最後につけ加えて置く。

鼎談「おかめ八目」のもう一人のメンバー・扇谷正造も「すぐれたアルチザン」と題して、花森安治の横顔を次のように書いている。

ある意味で花森君くらい、巷説の多かったジャーナリストはいない。たとえば、彼はスカートをはいていたという説だが、近くにいた私は彼のスカート姿を見たことがない。たぶん、これは頭にパーマをかけていたということからきた連想であろう。たしかにパーマはかけていたが、スカートははいたことがなく、たいていデニムのズボンであった。

しかし、世の中には真説より巷説の方がひろがりやすい。たしか『サンデー毎日』だったと思う。福島県選出の婦人代議士（山下春江氏）と、対談したことがある。話ははずみ、対談が終ると帰りぎわに彼女は花森君の肩を抱いて、

「われわれ女性は、これからも大いにがんばりましょう」

といった。彼女は対談のはじめから終りまで、ずっと花森君を女性とばかり思っていた。これは実話である。女装論はどうやらこの辺が震源地のようである。

扇谷正造は、花森が長い髪にパーマをかけていたばかりの女性と信じて疑わなかった女代議士を、これまた女性としては男っぽかった山下春江と書いていた。

これに対して、歌舞伎評論家で昭和十六（一九四一）年頃から花森と交遊関係にあり、『暮しの手帖』にたびたび寄稿していた戸板康二は、花森を女性と間違えた女代議士が、大石ヨシエだったと、「花森安治のスカート」で書いている。

ところで、戦後はじめて会った花森さんは、軽快なシャツに白い太目のズボンをはいていたような気がする。

髪は昔とちがって長くのばしていた。理髪店にゆくのが大嫌いで、編集部に職人に来てもらっていたが、伸びすぎるとポニー・テールにしていることもあった。

その花森さんがスカートをはくのを、大分経ってから見た。

これはジャーナリズムにも喧伝され、今ではいろんな伝説を残している。（中略）もうひとつは、たしか毎日新聞が正月に、「狐と狸」という題の対談シリーズをのせた中で、花森さんが大石ヨシエという代議士と会っている。

この話は直接私が聞いたのだが、同席しているあいだ中、代議士は相手を女性だと思いこんでいたというのである。

記者はそれに気づいたが、まさか「この方は男性です」というメモを渡すわけにもゆかないので、さりげなく「花森先生、異性の立場で女の人を見ての御感想を」と誘い水をした。それでも、大石さんは気がつかなかったらしい。

花森さんは、私が「どうして、わざわざ異性の立場でとまでいったのに、わからないのだろう」といったら、「自分のいうことだけしか考えていなかったらしい」と笑っていた。なお、散会になった時、「花森安治の仕事」によれば、代議士は意気投合の思いで、「おたがい女性のためにがんばりましょう」と握手して別れたということだ。

花森安治の伝説は、およそこのようなものだが、本人は不遇だった母親の生涯に照らして、早くから婦人問題に目ざめ、その伏流が鎮子に出版の相談を受けたことがキッカケで、『暮しの手帖』創刊へと結びついたのである。

十一、戦争中の暮しの記録

一冊を戦時下の暮しの記録に

『暮しの手帖』が、洛陽の紙価を高めるほどに売れたのは、昭和四十三（一九六八）年八月一日発行の九十六号であった。

一冊を丸ごと「戦争中の記録」特集にして刊行したのである。当時『暮しの手帖』は、毎号八十万部を発行していたが、発売するや、店によっては二日で売り切れたところがあり注文が殺到したため、特別に十万部を増刷した。が、増刷分も、年内には売り切れていた。

『暮しの手帖』一冊全体を、一つのテーマ、「戦時中の暮しの記録」で埋める企画は、昭和四十二年七月五日発行の九十号に、見開きで、次のような文面で発表された。

戦争が終って、やがて二十二年になります。戦争中の、あの暗く、苦しく、みじめであった私たちの明け暮れの思い出もしだいにうすれてゆこうとしています。

おなじ戦争中の記録にしても、特別な人、あるいは大きな事件などについては、くわしく正確なものが残されることでしょう。しかし、名もない一般の庶民が、あの戦争のあいだ、どんなふうに生きてきたか、その具体的な事実は、一見平凡なだけに、このままでは、おそらく散り散りに消えてしまって、何も残らないことになってしまいそうです。

『暮しの手帖』が、敢えてここにひろく戦争中の暮しの記録を募るのは、それを惜しむからに外なりません。ふたたび戦争をくり返さないためにも、あの暗くみじめな思いを、私たちにつづく世代に、二度とくり返させないためにも、いまこの記録を残しておくことは、こんどの戦争を生きてきたものの義務だとおもうからです。ふるってご応募下さるようおねがい申し上げます。


編集部としては、発行部数から推して相当な応募があるだろうと考え、翌四十三年の最初の号の特集コーナーに、何十篇か発表する予定だった。

ところが、予想は根底からくつがえされ、応募してきた数は、なんと千七百三十六篇にあがったのである。花森、鎮子以下、暮しの手帖社の全社員を驚かせ、よろこばせたのは応募作品の多くが、生まれて初めて文をつづったと思われる誤字、脱字の多い、稚拙な表現の手記だったことだった。

応募の手記には、あの前途を閉ざされた戦争下、飢えに悩まされ、何を食べ、なにを着て、どんな思いで戦ってきたかの切々たる思いが行間ににじんでいた。

花森をはじめ、鎮子も、編集部の全員も、一篇のこらず読み、その中から百三十九人の手記を入選とした。

花森安治は、戦争中は大政翼賛会宣伝部にいて、戦意高揚の一大プロバカンダの務めを果していた人物だった。

当時、国民を戦争に駆り立てた数々の標語、

頑張れ！　敵も必死だ
「足らぬ足らぬ」は工夫が足らぬ
欲しがりません勝つまでは

などなどのポスターが、彼のレタリングとイラストで作られていたので、花森安治作の説があった。戦後、花森安治は、それらの噂・流言蜚語《りゅうげんひご》に対して、口を閉ざしたままであった。が、心の中では贖罪感《しょくざいかん》にのたうっていたにちがいない。

その思いがあるだけに、表現は拙く、誤字あて字の多い、文章の体をなしていない手記の、訴えずにはいられない、書き残しておかねばならない切迫感に圧倒されたはずである。

『暮しの手帖』一冊のすべてを、ひとつのテーマ「戦争中の暮しの記録」で埋めたのは、「どうしても、こうせずにはいられなかったし、またそれだけの価値がある」と花森自身

が強く思ったかだった。

応募者は、内地は北海道から鹿児島、沖縄まで全国にまたがり、戦前、朝鮮、台湾、樺太、それに満州と呼ばれた植民地で暮らしていた人たちに及んだ。

応募原稿の内容は、戦場、疎開体験、東京大空襲、広島に原爆が投下された昭和二十年八月六日、飢えたこどもたち、防空壕と壕舎生活、路傍の畑、配給食品日記、ゆがめられたおしゃれ、百姓日記、父よ夫よ、恥の記憶と、広範にわたっていた。

戦時中〝銃後〟といわれた戦場以外の地域の体験が過半を占めていたが、全面戦争下にあった当時は、銃後も死と隣り合わせた生活だったわけで、それだけに、この戦争中の暮らしは、どこに住んでいた人にも「書き残しておきたい」の使命感があったのだろう。

掲載する原稿は、当然のことながら、誤字脱字あて字は正し、文意の重復するところは省き、筆者の記憶ちがいと思われる月日などの数字は改めるなど、いくらかの手が加えられた。

花森安治は「あとがき」で、そのことを記した後で「しかし」と改行して、次の通りに書いていた。


しかし、その誤字あて字については、ちょっと読んだだけでは、なんのことかわからぬほどひどいものは正したが、そのままでも意味のわかるものは、わざと直さなかった。できるだけ、それぞれの原稿の、それぞれの味をそこなわないようにしたからである。（中略）

じつをいうと、誤字あて字が多く、かなづかいも、まちまちの一つの文章を、試みに今様のかなづかいに改め、今様の漢字使いに書き改めてみた。すると、あれほど心を動かされた文章が、まるで味もそっけもない、つまらない文章になってしまったのである。一見ちいさなことのようだが、これは、文章というものに、大きなかかわりのあることだと思っている。

「あとがき」に、このような感想をつづった花森は、大部な「戦争中の暮しの記録」を編集した後「いったい、すぐれた文章とは、なんだろうか。ときに判読に苦しむような文字のあいだから立ちのぼって、読む者の心の深いところに迫ってくるもの、これはなんだろうか」の思いに沈んだ。

扉に掲げられた一文

「戦争中の暮しの記録」を手にとると、冒頭に「戦場」のテーマで、グラビア十一頁をとり、空襲、焼跡、敗戦直後、靖国神社に平伏する善男善女などの写真が掲載されている。

グラビア頁の上段には、花森安治が綴った見事な散文詩が、見開き写真の悲しい状況を、淡々と謳っていた。

〈戦場〉は
いつでも
海の向うにあった
手のとどかないところにあった
……

その海の向うの〈戦場〉が、〈海〉をひきさいて、数百数千の爆撃機が本土の上空に殺到し、焼夷弾、爆弾を投下することになって、家は焼かれ、人は死んでいくようになる……。

しかし、ここは
〈戦場〉ではなかった
この風景は
単なる〈焼け跡〉にすぎなかった
ここで死んでいる人たち

を、だれも〈戦死者〉と
は、呼ばなかった
…………
戦争の終った日
八月十五日
靖国神社の境内

海の向うの〈戦場〉で
死んだ
父の　夫の　息子の
兄弟の
その死が　なんの意味も
なかった。
そのおもいが、胸のうち
をかきむしり
号泣となって
噴き上げた

しかし　ここの
この〈戦場〉で
死んでいった人たち
どこに向って
泣けばよいのか

その日
日本列島は
晴れであった

「戦場」のグラビアの次は、戦時中の「いろいろの道具」一升ビンに精白してない玄米を入れ、ハタキの柄などでついて、三合の米を二時間もかけて、七分づきにした道具から、もんぺ、防空ずきん、写した手書きの教科書、ふたたびかえらぬ若き日、焼跡の卒業式、壕舎に召集令状。そして、カラーのスケッチで、戦時下の日々の生活が、みごとにまとめられていた。

手洗の中で満した空腹

「戦争中の暮しの記録」の本文に入る扉には、花森安治・大橋鎭子以下の『暮しの手帖』編集者の満腔《まんこう》の意味を込めた「この日の後に　生まれてくる人に」が、掲載されていた。

このアッピールを読めば、大部な戦争中の暮しの記録を、もの言わぬ庶民から募集し、ほとんど手直ししない形で収録、発売した編集者の真意がわかるだろう。

その全文を、ここに転写させていただく。

君は、四十才をすぎ、五十をすぎ、あるいは、六十も、それ以上もすぎた人が、生まれてはじめて、ペンをとった文章というものを、これまでに、読んだことがあるだろうか。

いま、君が手にしている、この一冊は、おそらく、その大部分が、そういう人たちの文章で、うずまっているのである。

これは、戦争中の、暮しの記録である。

その戦争は、一九四一年（昭和十六年）十二月八日にはじまり一九四五年（昭和二十年）八月十五日に終った。

それは、言語に絶する暮しであった。その言語に絶する明け暮れのなかに、人たちは、体力と精神力のぎりぎりまでもちこたえて、やっと生きてきた。親を失い、兄弟を失い、夫を失い、そして、青春をうしない、それでも生きてきた。家を焼かれ、財産を焼かれ、夜も、朝も、日なかも、飢えながら、生きてきた。

しかも、こうした思い出は、一片の灰のように、人たちの心の底ふかく沈んでしまって、どこにも残らない。いつでも、戦争の記録というものは、そうなのだ。

戦争の経過や、それを指導した人たちや、大きな戦闘については、ずいぶん昔のことでも、くわしく正確な記録が残されている。しかし、その戦争のあいだ、ただ黙々と歯をくいしばって生きてきた人たちが、なにに苦しみ、なにを食べ、なにを着、どんなふうに暮してきたか、どんなふうに死んでいったか、どんなふうに生きのびてきたのか、それについての、具体的なことは、どの時代の、どこの戦争でもほとんど、残されていない。

その数すくない記録がここにある。

いま、君は、この一冊を、どの時代の、どこで読もうとしているのか、それはわからない。君が、この一冊を、どんな気持で読むだろうか。それもわからない。

しかし、君がなんとおもおうと、これが戦争なのだ。それを君に知ってもらいたくて、この貧しい一冊を、のこしてゆく。

できることなら、君もまた、君の後に生まれる者のために、そのまた後に生まれる者のために、この一冊を、たとえどんなにぼろぼろになっても、のこしておいてほしい。これが、この戦争を生きてきた者の一人としての、切なる願いである。編集者。

『暮しの手帖』編集者の言葉として「戦争中の暮しの記録」に掲げられた、これが全文であった。

この一冊に掲載された応募の手記は、どの頁を開いて読んでも、戦火の下、ぎりぎりの暮しに耐え、生き残った人々の胸をうつ手記となっていた。

もともと、太平洋戦争下の庶民の生活記録を企画したきっかけは、花森が『暮しの手帖』の若い編集部員と話していて、「疎開」という言葉が、相手に通じなかったことにあった。

新村出編の『広辞苑』の「疏開・疎開」には、①とどこおりなく通ずること。開き通ずること。②戦況に応じて隊形の距離・間隔を開くこととの意味を記し、③で、空襲・火災などの被害を少くするため、集中している人口や、建物を分散すること。疎散。「学童――」「強制――」と記されていた。

花森が、若い編集者に通じなかったのは、二十年足らず前の敗戦前夜、東京や名古屋の大都会から、強制的に疎開させられた人々、または、学童疎開など『広辞苑』の③項だった。

学童疎開は、特に悲惨をきわめていた。

それは、太平洋戦争の末期、戦局悪化に伴い、政府は昭和十九（一九四四）年七月から、重要十三都市の国民学校初等科三―六年の児童を、近郊の農村、地方都市に集団移動させることにし、地方に縁故者のない者は、学校ごとに集団疎開をさせたのだった。その数は四十五万人に上り、教師、寮母が付き添い、寺社・旅館などに収容させたが、物質窮乏のため、子どもたちは栄養不良に陥り、土地の住民・子どもたちとの間に、悲惨な争いや暴力事件が、数多くひき起された。

「戦争中の暮しの記録」には、疎開児童の飢えた体験手記が、幾篇も寄せられていた。「お手玉の中の大豆」「いなごの青い塩汁」「わかもとの食べすぎ」「おやつがわりの食塩」「絵にかいたお菓子」など、涙なくしては読めない切々たる手記だった。

「お手玉の中の大豆」は、母から届いた小包にテニスボールほどのお手玉が、三十個ほど入っていた。食物を送ってはいけないことから、母は、大豆を煎って、お手玉に偽装して送ってくれたのだった。

君子という少女は、それをカギのかかるトランクの中にかくし、翌日からポケットにお手玉一つとはさみを持って、階下の部屋にいる弟をさそって、宿舎の裏山へ行っては、一粒ずつゆっくりとよくかみしめながら食べた、と書いていた。

弟との隠れ食いは、川岸のしげみ、神社の木立の中と変わって、台風つづきで外出が困難になった時には、母が面会にきたときに使った、客専用の水洗便所にしのび込んだ。

唐木君子は、次のように書く。

お手玉と鋏を持って、いやがる弟を連れて、こっそりとお手洗いに入った。そのとき、隣のお手洗の戸の開くのが聞え、足音がしたのでびっくりしたが、ひょうきんな弟が戸をすこし開けてのぞいているので、みると早足で遠ざかる班長の後姿があった。

お手洗の中で豆を食べたが、不潔感はなく、誰にも見つからずに弟といっしょに、空腹感をある程度満たせたことがうれしかった。

また、甲府の旅館へ集団疎開した子どもの一人は、空腹をまぎらわすために、わら半紙に、カステラ、おまんじゅう、お団子、ケーキ、キャラメル、おせんべい、かりん糖と、知るかぎりの菓子を書き、友だちと絵に描いた菓子を見せ合って、そのおいしさを話し合って楽しんだ。

そのうちに、六年生の男の子に、お菓子の絵を上手に描く子がいるのを知り、競ってその少年に書いてもらい、毎日眺めては楽しんでいた。

絵で代用するほかに、子どもの頭で考えたもう一つの解決策は、薬はよいとされていたので、ビオフェルミン、仁丹、わかもとなどを家から送ってもらい、空腹の足しにしたのだという。

「絵にかいたお菓子」を書いた中村桂子は、次のように結んでいる。

一番人気のあったのが梅肉エキスでした。たいていの子は一びん持っていて、時々出しては、細い棒の先につけてなめていました。とても大切なものですから、一度にたくさん食べてしまうことはありませんし、それに副作用とか習慣性とかが問題になるような薬ではありませんでしたから、ふだんそうして飲んでいても、害はなかったのだと思います。

疎開児童への「父母の声」

疎開児童の飢えの体験は、権力者や貴族の子女が学ぶ学習院でさえ、逃れられない状態だった。

栃木県塩原へ集団疎開をした女子学習院の当時の記録に、次のように記されている。

このような状態の中で、学生たちは、画用紙にショートケーキ、アップルパイ、アイスクリームなど自分の好きな、知っている限りの菓子を描き、色を塗って友人同士で見せあったり、火鉢であぶった蜜柑の皮や嗽用《うがいよう》のコップで煎ったお手玉の中の小豆、ソースで佃煮風に味付した茶がらなどを食べたりして、空腹を満たそうとしたのであった。

上流階級の子女でさえ、こんな状態のとき庶民の学童の困窮ぶりは、この比ではなかった。それは、前項の「戦争中の暮しの記録」に、ビビッドに描かれている通りである。

東京がB29空爆下に入った頃から、ラジオでしきりに放送された〝戯《ざ》れ歌〟があった。

「空襲なんぞ恐るべき」であった。

参考までに、その歌詞を記しておきたい。

一、空襲なんぞ　恐るべき
護る大空　鉄の陣
老いも若きも　今ぞ起つ
栄えある国土　防衛の
誉をわれら　担いたり
来たらば来たれ　敵機いざ

二、空襲なんぞ　恐るべき
つけよ持場に　その部署に
われに輝く　歴史あり
爆弾猛火に　狂うとも
戦い勝たん　この試練
来たらば来たれ　敵機いざ

一方、疎開した児童たちに、お上がラジオを通じて届けたのは、童謡作家・与田準一作詞、草川信作曲の「父母の声」だった。

「夕焼小焼」「ゆりかごの歌」で知られた草川の曲は、リリシズムにあふれた佳曲だった。だが、親元を遠く離れて、農漁村のお寺や、集会所で集団生活する子どもたちには、父や母を思いださずにはおかない曲調と詞であった。

一、太郎は父の　ふるさとへ
花子は母の　ふるさとへ
里で聞いたは　何の声
山の頂き　雲に鳥
希望《のぞみ》大きく　育てよと
遠く離れた　父の声

二、太郎は父の　ふるさとへ
花子は母の　ふるさとへ
里で聞いたは　何の声
浦の松風　波の音
生命《いのち》清《すが》しく　生い立てと

遠く離れた　母の声

三、太郎は父の　ふるさとへ
花子は母の　ふるさとへ
里で聞いたは　何の声
雲のすじ曳く　荒鷲の
夢も大きく　羽ばたけと
空の遙かで　父母の声

四、太郎は父の　ふるさとへ
花子は母の　ふるさとへ
鍬にささやく　声の声
心雄々しく　生き行けと
遠い祖先の　語る声

飢に苦しみ、父母のぬくもりを求めている疎開児童四十万人は、ラジオから流れてくる「父母の声」を聴いて、等しく涙を流したと伝えられている。

十二、「一銭五厘の旗」ひるがえる

面を上げて国に問う

花森安治が、面《おもて》をあげて、国に対決する姿勢をあらわにしたのは、昭和四十四（一九六九）年九月であった。

七〇年安保にゆれ動く一年前で、敗戦から四半世紀になろうとしている。その時期に、『暮しの手帖』第二世紀二号に「国をまもるということ」と題し、彼の国に対する考えを、自らの体験、戦時下に赤紙一枚で召集されて死んだ人、その遺族、空襲で家を焼かれ、家族を失った人たちなど例にあげながら、語りはじめたのである。

国には貸しがあるが、国からは恩恵を受けていないという趣意の、何カ所を拾ってみると、言うべくして言った指摘に気がつくのだった。

ためしに、ここで誰かが「なぜ〈くに〉を守らねばならないのか」と質問したら、はたしてなん人が、これに明確に答えることができるだろうか。

ぼくのことをいうと、小さいときから、なんとなく、〈くに〉は守らなければならないもの、とおもいこまされていた。なぜ守らなければならないか、先生も親も、だれも教えてくれなかった。（中略）

中学生のころは、〈決然起って祖国の難に赴く〉といった言葉に、なにか悲壮な美しさを感じた。（中略）

いったい〈くに〉とは何だろうか。（中略）

ぼくが、実感として〈くに〉を肌に感じるのは、税金をはらうときである。（中略）

毎日まいにち苦労して、朝早くから夜おそくまで、個人のたのしみなど犠牲にして働いた金のなかから、こんなにごっそりともっていって、しかも、払ったぼくのなにか役に立つことには、一銭も使った気配がない。そうなると、どうしても「不当にしぼりとられている」という感じがぬけきらないのである。

花森は、ここまで論考を進めた上で、自分が国から借りているのか、貸しているのかの貸借対照表を、つくり上げることを考えた。

その結果、中学・高校・大学を出るまでは、公立や国立ばかりだったから、国から自分が借りていたことになった。

ところが、学校を出ると立場は一変する。

……とたんに徴兵検査があって、甲種合格になった。ちょうど日華事変の勃発した年で、入隊するとたちまち前線へもっていかれた。

ずいぶん、苦労した。

あげくのはてに、病気になって、傷病軍人になって、帰ってきた。

このあたりは、ぼくが〈くに〉に、そうとう貸していることになる。しかも、ぼくは、軍事教練に反対して出席しなかったから、将校になる資格はなかった。帰ってきたとき、上等兵であった。

それを不服でいっているのではない。兵隊と将校では、おなじ召集でも〈くに〉に貸した額が大いにちがうということをいっておきたかったからである。（中略）

こんどの戦争では、ずいぶん多くの国民が〈くに〉に〈貸した〉筈である。（中略）

赤紙一枚で召集されて、死んだ人たちがいる。

その遺族たちがいる。

しかし、この人たちは、まだいいのかもしれない。恩給などで、いくらか〈くに〉は借りをかえしている。

空襲のために、家を焼かれ、財産を焼かれ、家族を失った人たちがいる。

この人たちは、一銭の補償も、いまだにない。

戦争のために、男の大半が〈くに〉の外へ出ていった。のこされた職場を、女が守った。そのために、とうとう結婚の機会を失い、いまだに、その職場をまもって、しかも、上役や後輩にけむたがられ、ばかにされながら、じっとこらえている大ぜいの女性がいる。この人たちに、〈くに〉は、まだ、なんにもかえしていない。

花森は、ここまで国が国民からの借りがあるのに、返そうともしないでいて、総生産世界第二位となったいま、ふたたび国を守れと、ほざきはじめたことに対し、溜飲《りゅういん》が下がる啖呵《たんか》をきったのである。

こんどの戦争で、これだけひどい目にあいながら、また、祖国を愛せよ、〈くに〉を守れ、といわれて、その気になるだろうか。(中略)

ここで〈くに〉というのは、具体的にいうと、政府であり、国会である。

〈くに〉に、政府や国会にいいたい。

〈くに〉を守らせるために、どれだけ国民にひどい目にあわせたか、それを、忘れないでほしい。

こじき旗を立てて

花森安治が、『見よぼくら一銭五厘の旗』を書いたのは、「国をまもるということ」の翌年だった。

散文詩体の国に対する庶民の叛旗宣言だった。敗戦によって、「どの家も、どの建物も／つけられるだけの電灯をつけていた」昭和二十年八月十五日から語り下していた。「一銭五厘」とは、花森安治から〝眞空地帯〟と嫌忌された軍隊で、教えられた言葉だった。冒頭の戦争が終り、安心して眠れるようになった、生きるよろこびを語った後に、次のように綴られていた。

軍隊というところは　ものごとを
おそろしく　はっきりさせるところだ
星一つの二等兵のころ　教育掛りの軍曹
が　突如として　どなった
貴様らの代りは　一銭五厘で来る
軍馬は　そうはいかんぞ

聞いたとたん　あっ気にとられた
しばらくして　むらむらと腹が立った
そのころ　葉書は一銭五厘だった
兵隊は　一銭五厘の葉書で　いくらでも
召集できる　という意味だった（中略）
そうか　ぼくらは一銭五厘か
そうだったのか
〈草芥の臣〉
〈陛下の赤子〉
〈醜の御楯〉
つまりは
〈一銭五厘〉
ということだったのか

一銭五厘で掻き集められ、戦場で戦い、死に、怪我を負って片輪になったのは、別の名で言ってみれば「庶民」だったのだ。

その庶民は、戦後は一転、主権在民、民主主義の時代になって、ほんの一瞬、幻覚に酔ったことがあった。

しかし、国が特需景気で復興するや〝チョンマゲ野郎〟が、またぞろ擡《もた》げてきて、庶民は一銭五厘に陥れる怖れが出はじめた。

花森は、戦後のおびただしい動静から、その例証を拾い出し、並列した上で、声高に謳いあげるのだった。

さて　ぼくらは　もう一度
……錆びついている〈民主主義〉を探しだしてきて　錆びをおとし　部品を集め
しっかり　組みたてる
民主主義の〈民〉は　庶民の民だ
ぼくらの暮しを　なによりも第一にする
ということだ
ぼくらの暮しと　企業の利益とが　ぶつかったら　企業を倒す　ということだ
ぼくらの暮しと　政府の考え方が　ぶつかったら　政府を倒す　ということだ
それが　ほんとうの〈民主主義〉だ

花森は、ここまで謳いあげてきて、一銭五厘の旗を立てる宣言をしていたのである。

そして、その旗は「白地に赤く、日の丸」の日本の国旗と似てもつかない旗であることを、結びで次のように書いていた。

……ぼくらの旗のいろは
赤ではない　黒ではない　もちろん
白ではない　黄でも緑でも青でもない
ぼくらの旗は　こじき旗だ
ぼろ布端布《はぎれ》をつなぎ合せた　暮しの旗だ
…………

暮しの手帖社の屋根に、ぼろ布をつなぎあわせた「こじき旗」が立てられたのは、『暮しの手帖』二世紀八号、昭和四十五（一九七〇）年十月に「見よ　ぼくら一銭五厘の旗」が掲載されてからであった。

国旗、社旗、校旗のたぐいは、およそ理想やイデァを象徴し、へんぽんとひるがえった時、恰好のつく印《しるし》であることが建て前とされていた。

それを、花森安治はぼろ布をつなぎ合わせて「こじき旗」のムードを横溢させた上で、「暮しの旗」だとしたのである。〈常識〉を〈非常識〉に一変させた生活思想の提唱者の面目躍如とした姿であった。

そして、この「こじき旗」を装丁に使った花森安治の著述の集大成ともいうべき『一銭五厘の旗』を、上梓したのは、昭和四十六年十月十日であった。

『暮しの手帖』の第一号を出してから、二十三年間に、この雑誌に掲載したエッセイのなかから、彼が読みかえして「いくらかマシではなかろうか」というものを二十九本選んで当時の『暮しの手帖』版型の三百五十頁に収録することにしたのである。

花森が、自分の書いたものを、自らの手で一冊にまとめようと決意したのは、刊行にさかのぼる三年前の京都であった。

「あとがき」に、その件を次の通りに書いている。

……かれこれ三年ほどのまえになる。取材に出かけた京都の町は、ひどく底冷えがしていた。その夜、宿で心筋梗塞をおこしてしまったのである。指一本動かしてはいけない、といわれて、じっと天井をにらんでいた。

庶民の側に立つ

花森が鎮子と一緒に、評論家の松田道雄を京都の自宅に訪ねた折であった。創刊百号の編集がスタートした頃で、彼は百号までを第一世紀として、百一号に当る号からは第二世紀一号とすることにしていた。

その理由は、初心に戻って新しい雑誌を作る気持になりたかったことと、雑誌の判型を大きくし、紙もよくして、カラー頁を増やすなど、一大刷新を計るためだった。

内容も、当然、新企画を加えていくつもりで、そのために京都大学系のユニークな学者たちのアイデアを借りたいと、松田にその下相談をする予定であった。ところが、話は脇道にそれてしまい、その日は目的を達することもなく、京都のホテルに戻ったのである。

その夜、十時すぎに、鎮子の部屋の電話が鳴り、受話機をとると、

「クルシイ、クルシイよ…」

の花森の呻き声が飛び込んできた。

鎮子はあわてて、花森の部屋にかけつけた。

花森は左肩をおさえて、痛い、苦しいと呻いていた。苦しみを訴える合間に、

「あんまが、もみこじらしたんだ」

と口走ったが、鎮子は花森の七転八倒の痛がりぶりをみて、

「心筋梗塞でしょう。ゼッタイ、動いちゃ駄目ですよ」

と叫んでいた。

「バカヤロ！」

気の食わない時に口走る花森の怒声が、反射的に戻って来たが、鎮子の見立てには自信

があった。

前の年に、ベストセラー『ものの見方について』で知られた、朝日新聞の元論説主幹・笠信太郎が心筋梗塞におそわれた時、医師と一緒にかけつけ、激烈な痛みに苦しむ様子を見ていたのだ。

押しつぶされるようなとか、焼け火ばしを突っ込まれたようなと言われるほどの、鋭く苦しい痛みを訴える人が多く、特徴的な症状は、胸や肩、首のあたりに痛みが出ることだった。

花森の痛みに苦しむ姿は、笠信太郎とそっくりだった。明け方、医者がきて、やはり心筋梗塞と診断し、今日一日がヤマで、絶対安静を命じられ、指一本動かしてもあぶないと、宣告された。

幸い危機は脱したが、花森はホテルから外に出られる状態ではなく、約二カ月かんづめを余儀なくされ、隣に医師たち、反対の隣部屋に、家族と編集部員が詰め、百号の原稿、写真、資料のすべてを、新幹線でこの部屋に運び、花森の指示に従い編集する運びになった。

ちょうど、切りのいい百号とあって、花森はこのあたりで『暮しの手帖』から手を引くといった噂も流れていた。本人も、その心境に近づきつつあったので、鎮子は花森の病状が絶対に外へもれないよう、緘口令《かんこうれい》をひいた。

麻布の研究室では、日に何回か怒鳴り声をあげる花森だったが、絶対安静の身に感情の起伏はタブーとあって、天井の一点をにらんだ日々は、来し方行く末を考える、またもない機会となった。

彼は、次のように書いている。


そのころ、妙に疲れていた。『暮しの手帖』をはじめたころ、せめて三十号、できることなら五十号までは、とおもいさだめていた。百号などは、あまり遠すぎて、ピントが合わない感じだった。その百号が、ついそこへやってきはじめてからは、もういい、とおもうようになっていた。べつに、いまさら、じたばたしたって、どうしようもないことだ、という気のつもりである。

ところが、こうして、指一本動かしても、危ないといわれて、じっと天井をにらんでいると、もっと生きたいという気持が、むらむらと湧いてきた。もういい、なんて、とてもそんなしゃれたことを言う気分にはなれなかった。暮しの手帖社に書いたものを、まとめてみようかな、とおもいはじめたのは、そんなときだったのである。


この決意があって、『一銭五厘の旗』が刊行される運びになったのだが、『暮しの手帖』の創刊から百号に至る間に、書いた本数は厖大な数だった。号によっては、二篇も三篇もあり、一篇だけは署名入りにして、あとは署名なしとか、変名もあった。

その中から、二十九篇を自選したことになったが、実はいつまでも逡巡しているので、鎮子をはじめ、晴子、芳子姉妹や、編集部員が、てんでに選んでくれたものの中から、やっと花森が拾い出した恰好だった。

一冊にまとめるに当って、花森はどの文章にも、末尾に掲載した『暮しの手帖』の号数と、その年月を付けた。

ジャーナリストにとっては、そのことを〈いつ〉言ったかが、大きな意味を持つからだった。

一例を上げると、企業とぼくらの利益がぶつかったときは企業を倒せ、政府とぶつかったら、政府を倒せという意味のことを言った「見よぼくら一銭五厘の旗」は、昭和四十五（一九七〇）年十月、『暮しの手帖』第二世紀の八号に掲載していた。

新潟水俣病事件の判決があったのは、これを書いた一年後で、判決文には、住民の生命、健康を犠牲にしてまで、企業の利益を保護しなければならない理由はない――つまり、企業と住民の利益がぶつかったときは、企業を倒すことが、当然であることを、裁判官は法律に基づいて、裁断していたのである。

あゝ兵卒の俸給

『一銭五厘の旗』は、花森安治の美学、編集哲学を集大成した一冊である。

扉の頁は、自らが描いた電気スタンドのカットの下に、一銭五厘の旗×花森安治と一行で組み、渋い褐色の子持ち罫で囲んでいた。

その裏頁は、同寸法の中に、装本、花森安治を初めに、活版、平台印刷、写真製版、グラビア、刷版、製本、進行に関った担当者名、それに、用紙、表紙、本文の紙の種類、グラビア、活版用に使われたインキ名が、きっちり印刷されている。

三頁から六頁にかけてが、目次になっていて、扉の示された罫組のトーンは、見事に踏襲されていた。

収録された文章は、次の通りだった。

塩鮭の歌／札幌／戦場／なんにもなかったあの頃／商品テスト入門／見よぼくら一銭五厘の旗／酒とはなにか／1ケタの保険証／もののけじめ／リリスプレスコット伝／重田なを／千葉のおばさん／まいどおおきに／大安佛滅／日本料理をたべない日本人／結婚式この奇妙なもの／漢文と天ぷらとピアノと／お互いの年令を10才引下げよう／世界はあなた

のためにはない／どぶねずみ色の若者たち／8分間の空白／医は算術ではない／広告が多すぎる／うけこたえ／美しいものを／煮干しの歌／武器をすてよう／無名戦士の墓／国をまもるということ

二十九篇の文章は、わかり易い、噛んで含めるような〝花森ぶし〟で書かれていた。文章については、一家言も二家言をもつ花森で、編集部員は毎号、書いた原稿を呈出して、一回や二回は怒鳴られていた。

それだけに、自身も文章は苦労して書いていて、『一銭五厘の旗』の「あとがき」に、「これまで、だれに言っても、信じてくれたひとはなかったから、ここで書いても、たぶん信じてもらえないかもしれないが、じつをいうと、文章を書くのは、好きではない。きらいである。きらい、というよりは、つらい。できることなら、書かないですませたい。早い話が、この〈あとがき〉にしたって、書かねばならないと、おもい立ってからでも、もうかれこれ一月になる」と書き、つづけて、もう一つきらいなものとして、風呂をあげ、入るまではふんぎりがつかないが、「いったん入ってしまえば、まことにいい気分なのだ」と、読む者の緊張を外した上で「ところが」と、再び文章について、「原稿用紙の前に坐るというふんぎりがつかないところまでは同じだが、いざ書いてゆく、やっとのおもいで、なんとか書き上げる、その道中が、すこしもいい気分ではないのである。書いていて、因果だなあ、つらいなあ、とおもいどおしである。そんなにつらいなら、書かなければよいのである。それを、書いている。あほかいな、である」

と、楽屋裏をさらしていた。

花森安治にとって、文章を書くことは、好きではない。きらい、つらいことだったかもしれないが『一銭五厘の旗』を刊行した意義は大きかった。

ここで、〝一銭五厘〟の根拠になる日本陸軍の俸給について説明しておきたい。

花森安治が、敗戦四半世紀後に書いた「一銭五厘」で掻き集められた兵卒たちが軍馬以下に見られたのは、兵卒は「一銭五厘」の葉書一枚で召集できたが、馬は支那事変当時、一頭が三百八十円の高額だったため、人間より大切にされる悲喜劇が演じられていた。

軍馬は、主として野砲、山砲師団の大砲牽引用に使われた。野砲師団の輜重兵《しちょうへい》連隊は、約千頭を兵千人で世話をしなければならず、山砲師団では約二千七百頭を、三千人で世話をすることになっていた。

去勢された馬が使われたが、支那事変から自動車部隊が輜重兵連隊に組み込まれたため、馬数は少しは減っていった。

自動車は、一度に一トン半の物質を輸送できたが、馬は最高二頭で四輪車四百キロ、一頭だけだと二輪車が二百キロ、背に乗せて運ぶ駄載だと百キロにすぎなかった。

兵隊は完全軍装すると、銃に弾丸、寝具一式を含め三十キロを背負ったから、軍馬は兵の数倍の働きをする「もの言わぬ生きた兵器」だった。

ところで「一銭五厘」の兵隊たちの俸給は、お話にならないほどの安さだった。

『兵隊たちの陸軍史』を書いた作家、元陸軍伍長伊藤桂一は、「俸給と貯蓄」の項で、次の通りに書いている。

兵隊は、いくら兵隊でもそれだけでは絶対にやってゆけないくらい、安い俸給しか貰えなかった。（中略）俸給は十日目ごとに支給され、二等兵で一円二十七銭（昭和十五年まで）だった。俸給は、一、二等兵は同額である。戦場へ赴くと、これに戦場加俸その他がつき、十日目ごとの支給額七円八十銭程度であった。平時の兵営生活をしている二等兵は、わずか月給四円足らずの俸給の中から、貯金をし、なかには国元に送金する者もいた。（中略）昭和十五年に、下士官兵の給料が三割方あがったのは、日中戦争の戦果を反映してのことであろう。

花森安治は、昭和十二年に召集されていたから、二等兵の十日目ごとに支給される一円二十七銭から、スタートして、上等兵に昇給し、一円程度俸給が上ったところで、結核になって入院。療養生活の後に傷病軍人として除隊したことになる。

参考までに、紀元二千六百年を誇称した昭和十五年当時の物価を、『物価の文化史事典』（森永卓郎監修・展望社）から引用すると次の通りになる。

白米（十キロ）三円三十二銭／牛肉（ロース）百匁《もんめ》（三百七十五グラム）一円四十八銭

／緑茶百グラム二円五十銭／そば（もり・かけ）十五銭／喫茶店のコーヒー十五銭／三越食堂の和定食八十五銭／新宿中村屋のカリー（果物、コーヒーつき）一円二十銭／すし三十銭／天どん五十銭／たばこ（ゴールデンバット、金鵄）九銭／日本酒（上等酒一升）二円七十銭／ビル大瓶三十九銭／新聞購読料一カ月一円二十銭／入浴料六銭／鉄道運賃（東京―大阪三等）五円九十五銭／山手線初乗り運賃五銭／航空運賃（東京―大阪）三十円

この物価と比較してみると、戦場で一番消耗率の高かった一、二等兵は、戦時加俸ほかがついて、十日目ごとに七円八十銭だったから、月に二十三円四十銭の俸給に過ぎなかった。東京帝国大学に学んだ花森安治は、この階級だったから、東京から大阪までの航空運賃にも及ばなかったのだ。

一銭五厘の精神

花森安治は、軍隊時代のみじめな体験を折にふれて書き、語っていた。

『一銭五厘の旗』に収録されている「１ケタの保険証」の中に「ぼくは、昭和十二年に、

現役兵として入隊しています。重機関銃中隊でした。そして、満州へ送られました。送られたさきは、松花江と牡丹江が合流する地点で、依蘭《イーラン》という小さな町でした。そこから、小興安嶺をあちらこちら、共産軍の〈討代〉をやらされたわけです」と書いていて、小興安嶺の行軍については「リリスプレスコット伝」で、こう書いていた。

戦争中、兵隊だったとき、ほとんど毎日が歩くことの連続だった。重機関銃隊で、馬をひっぱっていた。松花江の支流、小興安嶺山脈のなか、日中も歩いた、夜中も歩いた、夜は半ば眠りながら歩いたが、ふしぎに銃だけちゃんとになっていた。疲れてくると、その一丁の銃の重さが肩に食いこんだ。やっと小休止の声がかかると、そのままぶったおれた。泥んこであろうと石ころだらけだろうとかまわなかった。もう一メートルも横に、適当なところがあることがわかっていても、それさえする気がなかった。

家に帰りたかった。ぶったおれて、暗い夜空をみていると、どういうものか、いつもきまって一つの風景がうかんできた。うすい水色の空に、らんまんと咲いている桜だった。通勤の朝、東横線の車窓から、どこか田園調布と自由ケ丘のあいだでみた風景だった。(中略)

そういうとき、ぼくは毎日、日記をつけていた。生れて今日まで、あとにもさきにも日記をつけたのは、この時期だけである。

一銭五厘で召集された兵隊のこれが現実だったといえるだろう。もっとも、軍隊は〝運隊〟ともいわれていた。

入隊した連隊によって、行く先に生と死を分ける雲泥の差がついたものだった。

花森安治は、このように軍隊時代については、書いていた。『一銭五厘の旗』へも、収録するのは厭わなかった。

ところが、もう一つの戦争体験の大政翼賛会時代については、かたくなに沈黙を守った。「欲しがりません勝つまでは」とか「足らぬ足らぬは工夫が足らぬ」「あの旗を撃て！」といった国民の戦意を鼓舞し、お上が〝聖戦〟と称したアジア近隣国への侵略戦争に、国民を掻きたてたことへの負の意識・罪悪感があったのだろうか。

その流の中で翼賛時代にふれて、唯一、彼自身から回答を得たのは、NHKラジオの「おかめ八目」番組の鼎談で、顔を合わせている扇谷正造が関わった『週刊朝日』であった。『一銭五厘の旗』が刊行されたとき、『週刊朝日』は、トップ記事で「花森安治における一銭五厘の精神」を特集したのである。

取材をした平野清司は、この機会に花森の大政翼賛会時代と「一銭五厘」との関わりを聞いておきたいの考えだった。

が、編集会議では、花森のタブー中のタブーに触れたら、トップ記事はおじゃんになってしまうのではないかの慎重論が出ていた。

同行したカメラマンにも、質問するなら、写真をぜんぶ撮り終ってからしてくれと、念をおされていた。花森安治の『暮しの手帖』編集部における超ワンマンぶり、窓ガラスをビリビリ震わすほどの怒鳴り声の噂は、出版界では知られていた。

意表をつく入社試験をパスして、入社したその日に、花森安治の逆鱗にふれて怒鳴られ、一日で辞めた新人もいたとの風説もあった。

しかし、取材記者としては、一銭五厘の旗を掲げて、そのものズバリのタイトルの著書を刊行した以上、大政翼賛会宣伝部時代を聞かないことは、片手落ちである。いや、この時代に関しては、真偽とりまぜてのエピソードが流布されていた。

その一つに、誰あろう『週刊朝日』を、十数万部の発行部数から、百万部台に伸して、第一回菊池寛賞を受賞した扇谷正造がひろめたという、「贅沢は敵だ！」の翼賛会宣伝部が選んだスローガンの「贅沢」と「敵だ！」の間に「素」一文字を入れて、「贅沢は素敵だ！」に変えたのは、花森安治だったという笑い話だった。

「素」一文字によって、このスローガンは一変する。異才の花森だったら、このぐらいの遊びはわけないことだっただろう。

だが、言論の自由が圧殺されていた戦時下に、国民の戦意を鼓舞する役割を担っていた大政翼賛会宣伝部の几帳面な職人タイプの花森が、そんなイタズラをすることは信じ難かった。

『週刊朝日』編集部の平野清司は、長時間にわたった取材のさいごに、押さえに押さえてきた質問――大政翼賛会時代にふれたのだった。

花森は、その質問に、来るものが来たとばかり、

「君は、そこを聞いてくると思ったよ」

と、平穏な表情で「僕は、たしかに戦争犯罪をおかした」と、罪を認めた上で、次のように語ったのだった。

「戦争犯罪をおかしたが、言い訳をさせてもらうなら、当時は何も知らなかった。だまされていた。しかし、そんなことで免罪になるとは思わない。これからは絶対にだまされない。だまされない人たちをふやしていく。その決意と使命感に免じて、過去の罪はせめて執行猶予にしてもらっている、と思っている」

花森安治のこの贖罪《しょくざい》が『一銭五厘の旗』に集成されていたと見ていいだろう。

そして『一銭五厘の旗』は、昭和四十七年に、読売文学賞に選ばれた。

選考委員の丹羽文雄は、

「まともな生活感覚に裏打ちされたものは、強い。このごろは口先だけで良心的な、進歩的なことをいうひとが多いが、この作者は決して口舌の徒ではない」

と「商品テスト入門」「見よぼくら一銭五厘の旗」「国をまもるということ」など、花森安治が『暮しの手帖』を通じて主張し、実践している〝暮しの精神〟を、高く評価し、賞賛したのだった。

読売文学賞の受賞は、花森安治に大きな喜びと、自負を甦えらせた。常々、文章の師と尊敬している井伏鱒二と同時受賞だったことが、よろこびの追風になった。

彼は『一銭五厘の旗』の新聞広告を、一文字一文字、いつくしむように、自分で書いたが、その短い文章には、天地いっぱいのよろこびの言葉が、書かれていた。

お礼申し上げます。うれしくて仕方がありません。人並以上にうぬぼれのつよいぼくですが、こんなにいろいろ身にすぎた評判をいただき、かたがた安くもない本をみなさん買って読んでくださる、まさかここまでとは思いもよりませんでした。身にすぎたことでした。

読売文学賞の受賞は、昭和四十七年二月一日だったから、『一銭五厘の旗』は、前年の四十六年十月十日初刷発行以来、十一月一日第二刷、十二月二十日第三刷、十二月二十五日第四刷と、受賞までの四カ月に、四刷も版を重ねていたのである。

定価千二百円と、自身が広告文に書くように「安くもない本」であった。

花森は、つねづね、読者を大切にし、編集部員に対して、

「読者の人たちが、本屋さんの店先に落さないように、すられないようにポケットやふところ、ハンドバックの中に大切にしまってある財布をとり出し、その中から五百二十円出して『暮しの手帖』を買っていって下さる。これは大変なことだということを、君たちは考えたことがあるか」

と、尊い読者の像を『暮しの手帖』一冊の価格を通じて、言いつづけていた。

計らずも、その言葉が、読売文学賞に輝いた『一銭五厘の旗』定価千二百円に、繰り返されたのである。

十三、旅の終焉

「すてきなあなたに」スタート

『暮しの手帖』は、第二世紀の第一号――創刊号から数えて百一号から、A４変型判になった。

この号を期して、さりげない、ささやかなごくふつうの日々の暮らしのひとこまを綴った「すてきなあなたに」がスタートする。

第四世紀の七十九号、通算四百五十五号の現在までつづいている一大ロング企画で、提案者は大橋鎭子であった。

「戦争中の暮しの記録」を特集した直後に、花森に提案すると、あっさり「やってごらん」と賛成してくれ、編集部の人たちにも受け入れられた。

鎭子は、自伝の最後の章に「すてきなあなたに」の章を立て、次のようにその趣旨を説明している。

商品テストも大事だけれど、ほんのちょっとしたことでも、一言声をかけるだけでも、その場を和ませてくれる、ちょっとした心くばり、思いやり、お茶ひとつ、ケーキひとつでも、ひと手間かけるだけで、おいしく、ゆとりのある場になる。スカーフ一枚、ブローチひとつでも、ひと工夫しただけで、美しく、豊かな気持になれる……そんなことを伝えるページを作りたかったのです。

花森安治が創案した「商品テスト」が、ソナタ形式における二つの主題の一つとしたら、鎮子の「すてきなあなたに」も、主題の一つを担う運命にあったのだろう。

超ロング連載になる企画が、むろん、鎮子ひとりの力では続行は難しいし、考えに片よりの心配があったので、作家、エッセイストなど『暮しの手帖』を通じて親しくなった中里恒子、網野菊、伊藤愛子、増田れい子、酒井眞喜子などに協力を仰ぐことになり、その輪は、波紋のようにどんどん広がっていった。

第二世紀の一号から、毎号、数人の執筆者が、さりげない、ささやかな暮らしの中から拾い出した、すてきな暮らしのヒント、心に残る美しい思い出の数々が、六年後の昭和五十年には、一冊の本にまとめられ、第一号が刊行された。

花森は「商品テスト」と並ぶ『暮しの手帖』の主題『すてきなあなたに』の宣伝文を、

あなたがすてきだから、すてきなあなただから、／でなければつい見落してしまいそうな、ささやかな、／それでいて心にしみこくる、／いくつかのことが／わかっていただける、そんな頁です

と、鎮子の思いにぴったりに書いてくれた。

『すてきなあなたに』第一巻は、「ポットに一つ、あなたに一つ」とサブ・タイトルが付され、三輪の花を表紙にあしらった淡白な花森の装丁で刊行された。

この第一号の「あとがき」に、鎮子は『暮しの手帖』を創刊以来、いろいろな方に会い、教えてもらったこと、困ったとき、友だちの知恵を借りて、なんとか切り抜けて、今日まで歩いてこられたのは、こうして身につけたもののおかげであることを前置きした上で、「すてきなあなたに」書きとめておく、きっかけになった一件を、次の通りに書いていた。

フランスにながくいらした方に、三時のお茶によばれたことがあります。白いテーブルクロスの上に運ばれてきたのは、白い紅茶茶碗、白いお皿、白いナプキンと、ほんとにみな白一色でした。ポットからそそがれる紅茶とコーヒー。白いお皿には輪切りのレモン、カン詰の黄桃が白い鉢に盛られました。それぞれがみんな白にはえて、それに窓から入る午後の陽ざしが、やわらかくあたっています。

そのとき、わたくしは、白の美しさを、はっきり知りました。それまでは白は美しいものとおもっていましたが、本当には、わかっていなかったのでした。（中略）

そのことに気がついた、その日から、私は心にふかくしみこんでいった、いろいろのことを、そのときどきに思い出しては、すこしずつメモに書きとめることを、はじめました。

（後略）

鎮子が四十九歳のときにスタートしたこの「すてきなあなたに」が、「自伝」に企画の経緯を書いた四十年後には、『暮しの手帖』二百四十冊余に書いた計算になっていた。

そして、単行本も「ポットに一つ　あなたに一つ」を一巻に、「スタインベルクの鏡」「セーヌの影絵」「パリの手袋」「女王陛下のメープルシロップ」と五巻を数え、発行部数の累計百三十三万部、各巻の平均部数でみると、二十六万六千部というベストセラーに達していたのである。

痛恨の日々

花森安治は『一銭五厘の旗』で「読売文学賞」を受賞した翌年の昭和四十七年三月、「日本の消費者、ことに抑圧された主婦たちの利益、権利、および福祉について説得力のある支援を行なった」

との理由で、フィリピン大統領だった故ラモン・マグサイサイの業績を顕彰するために作られた「マグサイサイ賞」を受賞した。

賞金一万ドルを贈られると知ると、彼はマグサイサイ賞財団に、全額を寄付することにした。

太平洋戦争下、日本軍はフィリピンで、マッカーサー麾下の米軍及びフィリピン人ゲリラと熾烈な戦いを展開したが、その戦いでフィリピン人民に数々の非道行為を行い、百万人以上を殺戮していた。

日本軍も、その報復を受け、餓死した兵をふくめ五十二万余の犠牲者を出していた。その戦いの帰趨を知る花森に、賞金を受け取ることはできなかったのである。

同財団では、その一万ドルを基金に、消費者運動の発展を目的とする「ハナモリ・ファンド」を設け、消費者セミナーの開催や、消費者団体の図書購入等の費用に当て、やがてアメリカへの留学生資金にも活用されることになったという。

自らの姓を冠した基金となった栄えあるマグサイサイ賞の受賞式には、花森は出席できなかった。四年前に、取材先の京都で心筋梗塞を起し、九死に一生を得てからは、長旅はもとより、好きだった煙草もやめ、大福もちや、きんつばなども、食べなくなっていた。心臓に悪いと、医者に禁じられていたのである。当然、窓ガラスをビリビリさせる大声で怒鳴るカミナリを落す回数も減った。

当然、カメラを肩に、街や人を訪ねて取材することも、少くなった。

花森は『暮しの手帖』が百号になった時、次のような感懐をつづっていた。

「一号から百号まで、どの号も、ぼく自身も取材し、写真をとり、原稿を書き、レイアウトをやり、カットを画き、校正をしてきたこと、それが編集者としてのぼくの、なにより の生き甲斐であり、よろこびであり、誇りである、ということです。

雑誌作りというのは、どんな大量生産時代で、情報産業時代で、コンピューター時代であろうと、所詮〈手作り〉である、それ以外に作りようがないということ、ぼくはそうおもっております。

だから、編集者は、もっとも正しい意味で〈職人《アルチザン》〉的才能を要求される。そうおもっています。

ぼくは、死ぬ瞬間まで〈編集長〉でありたい、とねがっています。その瞬間まで、取材し写真をとり原稿を書き校正のペンで指を赤く汚している、現役の編集長でありたいのです。……」

こう書いていたのに、京都で心筋梗塞で倒れて以来、現役の編集長ではあったが、一歩腰を引いた執務に変わっていた。

直接、取材に出向くことは、ほとんどなくなった他、全力を込めて取り組んでいた商品テストの記事も、次第に編集部員の書いた原稿を直すだけになった。

『暮しの手帖』には、毎号、署名原稿を書いていた。

一例をあげれば、第二世紀の十六号に「みなさん物を大切に」、十七号「一平方米の土地さえも」二十一号「未来は灰色だから」二十二号「乱世のきざし、タバコ酒の自販機」二十三号「わが買い物ゴミ」二十五号「二十八年の日日を痛恨する歌」三十号「もう時間はいくらも残っていない」四十四号「ぼくは、もう投票しない」四十八号「ものみな悪くなりゆく」などなど、タイトルを読めば想像のつく、それらの原稿は、戦後の日本人が作り出した社会を痛恨する文章になっていた。

また　あの日が　やってくる
あの日
大日本帝国が　ほろびた日
もっと正確にいうと
大日本帝国が　ほろびたはずの日
いまから　二十八年まえの
昭和二十年八月十五日

ではじまる「二十八年の日日を痛恨する歌」で、花森はうっ屈した心の裡を吐き出すように、あの敗戦の日から、日本を奇跡的に立ち直らし、繁栄をもたらしたのは、おれたちだと、大企業や政府はうそぶいているが、

大企業が　億もうけたとき
ぼくらがうるおったのは　たった三つだ
しかも　そのたった二つか三つのうるおいと
引きかえに　ぼくらは　なにを失ったか
君らは　いま　その目で
はっきり見るがいい

と、書き綴った上で、勝ち誇った気持ちの大企業、為政者に対し、投げつけた言葉は痛烈だった。

君らが狂気のように作りだす工場の煙で
ぼくらの空は　いつも重く曇ってよどみ
君らが平然と流しつづける廃液のために
ぼくらの川と海は　いつも暗く腐って
流れようとせず
君らの作ったものの出すガスのために
ぼくらの木と草は　夏に枯れて　春にも
花をつけない

こんなひどい世の中にしてしまったのは、大企業だけの罪ではなく、悔んでも悔みきれないのだが、血眼になって、もうけだけに走る彼らを、だまって見ていた、ぼくらも狂っていたのだ……と、痛恨の言葉はつづいた。

こうした、読む者の臓腑《ぞうふ》をえぐるような散文詩は、心筋梗塞で倒れて以後は、テープレコーダーに、句読点、改行、一行開けるなどを指示して、吹きこまれていった。

「人間の手について」の意味

花森安治は、『暮しの手帖』が第一世紀の百号に達する寸前に、心筋梗塞に倒れた。が、奇跡的に恢復し、用心に用心を重ねながら、それから八年を生きた。

この間、自ら陣頭に立っての取材、原稿書きはセーブせざるをえなかったが、レイアウト、カット、『暮しの手帖』の顔である表紙は描きつづけた。

それが、花森安治の生き甲斐であり、よろこびでもあった。大橋鎭子は、花森の生き甲斐である仕事はもとより、健康に細心な注意を払う日々に伴走することになるが、当時を回想して、

「松下村塾のようなものでしてね。花森さんには教えられることばかりでした」と、私に語ってくれている。

松下村塾とは、幕末、長州萩城下にあった私塾で、吉田松陰の叔父玉木文之進の開いた塾を、安政二（一八五五）年から松陰が受け継ぎ、高杉晋作、久坂玄瑞、伊藤博文、品川弥二郎ら、明治維新の英傑を育てた一拠点だった。

八畳一室の小部屋から十畳半の増築を経て、塾生は、一時は三十名を超すまでになったというが、幕末の尊王・討幕の思想は、この私塾から育っていたわけである。

かくすればかくなるものと知りながら、
やむにやまれぬ大和魂

と詠んで、安政の大獄により、三十そこそこで刑死した松陰の精神は、塾生に強くひきつがれたのである。

鎮子が、花森との二人三脚でひた走った期間の『暮しの手帖』を、この松下村塾に比喩したのは、花森亡き後も、編集に取り組む姿勢にいささかのゆるぎもないといった意味を込めてだったと考えられる。

その「暮しの手帖塾」の主宰者は、昭和五十三（一九七八）年一月十四日の午前一時半、研究所に近い東京都港区南麻布の自宅で、宿痾《しゅくあ》の心筋梗塞のため、急死した。

——六十六歳だった。

鎮子の家に、花森の妻ももよから、緊急の電話が飛び込んできたのは、真夜中だった。

「花森が死にました！」

その一報に、彼女は近くに住む編集部員へ電話を入れ、主治医の阿部先生を連れて来るように頼み、妹の芳子と花森家へかけつけた。

花森は、水色のパジャマ姿で、ソファーに横たえられていた。一人娘の藍生は、そのころ結婚して土井姓になり、大阪市の京都寄りの高槻に住んでいた。

鎭子は、〝二人三脚〟の一方の脚の終焉《しゅうえん》近くの日々を、次のように述懐している。

五十二年十一月二十九日から、花森さんは風邪気味で体の調子がよくないと、都心の山王病院に入院していました。私はほとんど毎日、編集の打ち合わせとか仕事の進み具合とか、いろいろなことで病院に寄りました。

ところが、病人は暮れのクリスマスと、年頭の正月は自宅で過ごしたいと、いったん退院し、五十三年一月二十五日発行の二世紀五十二号の表紙と、本文トップを予定している「人間の手について」の原稿を書くことになっていた。

表紙の絵は、研究所の専門の部屋に籠って取り組まざるをえない。

病状を押して彼はそのため、出社を余儀なくされた。

鎭子は、休日でも花森の出社につき合って出社し、編集部の何人かも出勤した。

原稿は、その頃はもっぱらテープに吹き込みの口述筆記で、句読点、改行を指示したものであった。

計らずも、花森安治の絶筆原稿となったのが「人間の手について」で四百字原稿三十五枚であったのは、雑誌作りは所詮「手作り」であり、「それ以外に作りようがない」と信じ、実践して、最後まで、手からペンをはなさなかった〝職人〟編集者を象徴していた。

もっとも、「人間の手について」の内容は、小学生から小刀を取り上げ、エンピツもけずれない子どもを育てた、戦後教育に対する痛烈な告発であった。

花森が懸念《けねん》した、刃物の使い方も知らない少年が、同級生を刺殺する事件が続出するのは、この文章が『暮しの手帖』に掲載された後からであった。

はからずも、絶筆となった原稿の口述を終え、レイアウトをして出稿、責了にしたのは一月十二日の夕刻だった。

それらの日々は、いつ再発するやも知れぬ病状を抱えた花森にとっては、危険な綱渡りに似た状態で、研究所の階段の上り下りさえ、屈強な男性社員の臀部の後押し、肩に手を添えささえさせて、一歩々々降りるといった介添えが必要だった。

職人編集長　死の波紋

介添人の一人になったのは『花森安治の編集室』の著者、唐澤平吉であった。六年間、花森の膝下で〝鬼〟の薫陶《くんとう》を受けたが、若気のいたりで、花森の言動が独裁的で無情にすら感じられ、没後二年後にウツ病にかかり退社していた。退社した理由は、
「結論をいえば、若かったのです。花森さんに叱られ、どなられながら、わたしはその意味をほとんど理解しないで、六年間をすごしていました。ことばの端々を、じぶんなりに解釈していたにすぎません。花森さんがいっていた良寛の詩の一節――『見れども見えず、遇うも遇わず』でした。

しかし、その忸怩《じくじ》たるおもいが、花森安治という偉大な編集者の想い出の中にひたらせ、わたしをもう一ど、生かしてくれたような気持がします」
の心境になって、伝説の職人編集長の素顔を、ディテール豊かに描く道筋になる……。

余談はさておき、唐澤は花森安治が、手塩にかけて築いた「暮しの手帖・研究室」を去る最後の日を、鎮子らと共に見送った一人だった。その状況を、次のように書いている。

玄関でわたしは、花森さんの靴をはきやすいように、敷居から少しはなし、靴の間隔もあけました。これも花森さんからおしえられたことです。靴はそろえておくものですが、はくときはべつです。敷居に靴のかかとをつけ、そろえて出されては、はきにくいものです。ちょっとした気くばりが、おたがいの気もちをかよわせます。

花森安治が、「人間の手は、自分の身のまわり、人と人とのつながり、世の中の美意識

をつちかう」と書いたのは、このような日常のしぐさも意味していました。

靴をはいて花森さんは、急にふりかえりました。そして、

「みなさん、どうもありがとう」

と、チョコンと頭をさげて、おじぎをしました。


鎮子はその時「いやだわ、花森さんったら。そんなことをして……」と、花森の言葉と行為を払いのけるように、言ったと言う。

三十三年間〝二人三脚〟で走って来た鎮子に、花森のいつもとちがう言動に、不吉な予感を覚えたのかもしれない。

しかし、花森自身には、命旦夕《めいたんせき》に迫っているの予感は、なかったようだった。

翌日、花森から鎮子に、

「今日は一日休むよ」

と電話があった。

その日の夕方、鎮子は創業以来の社員・中野家子を伴って、なじみの銀座の寿司屋のばらずしを届けがてら、花森家へ見舞いに行き、玄関で帰ろうとしたとき、水色のパジャマ姿の本人が出てきて、

「ありがとう」

と言って、ドアを閉める二人にめずらしく手を左右に振った。

それが、〝二人三脚〟の同志との永遠の別れとなった。

花森安治の死は、出版業界を超えて、文化領域へまで、大きな波紋を及ぼさずにはおかなかった。それにも増して、暮らしを主軸においた雑誌のワンマン編集長に、家庭があったということが、話題になった。

花森は、徹底して私生活はのぞかせなかった。大橋鎭子を〝二人三脚〟の同伴者にしながら、その間に男女のしがらみのある素ぶりを、社内外で見せたことはなかったし、火のないところに煙を立てたがるマスコミ界でも、二人の関係を興味本位に扱ったケースはなかった。

また、衣・食・住の暮らしをテーマにした雑誌でありながら、松江市の大店の娘で〝松江小町〟と噂された、もも代と結ばれた経緯は、漠然とは知っていながら、家庭生活をうかがわせる写真はおろか、ゴシップ一つも書かれていなかった。

『暮しの手帖』で、六年間勤めた唐澤平吉も『花森安治の編集室』の末尾で、次のように書いている。

花森さんは、わたしが入社してからも、冬になると、ときおり入院しました。主治医の小林太刀男先生の強いすすめで、いつもしぶしぶ入院しましたが、そのとき、奥さまのすがたを一ども見たことがありません。

とにかく病院ぎらいでした。入院するくらいなら、ここのほうがいいとダダをこね、あるときは研究室に寝泊まりしたこともありました。そのときは、部員が数人ずつ研究室に居のこり、徹夜で看病しました。そのときでさえ、奥さまはいちどもすがたを見せないばかりか、電話もありませんでした。

なんという夫婦だろうか、夫の病状が、心配ではないのだろうか。わたしには理解できないことでした。花森さんをかわいそうだとおもいました。おもてだってはいわなかったものの、社内にさえ、花森さん夫婦を皮相な目で見ていたひとがいました。そんなおもいが、いつのまにかわだかまっていたのです。

社内でさえ、花森の家庭、夫婦の生活にこんなわだかまりを派生させていて、外部ではどのようであったのか。

そのあたりを、うかがわせる記事が花森の死後〝儀礼的讃辞〟〝追従的哀悼〟の氾濫のなかに、幾つか見られたものだった。

文藝春秋発行の『諸君』昭和五十三年四月に載った、河合秀和・古谷綱正対談「花森安治は〝暮し〟を変えたか」には、次のような言葉があった。

河合　唐突のようですが、花森さんは、どことなく家族という感じの稀薄な人で、新聞記事だったかに、奥さんに看取《みと》られながら亡くなったと書いてあって、「アッ、この人に奥さんがあったのか」と思ってしまった。

古谷　みんなそう思ったらしい。ぼくは奥さんがあるとは知っていましたけれども。余談ですが、娘さんがいて、四つになるお孫さんがいるんです。この孫をほんとに可愛がって、デレデレだったらしいんです。ぼくは孫がいるということを亡くなるまで知らなかった。家庭のことは、まったく人にはいわなかったようです。

河合　いろんな人に「へえ！　花森さん、奥さんがいたんですね」といわれました。驚いたようですね。（中略）
ある外国人の友だちが、雑誌を見てホモだっていった。これは男同士か女同士が住んでいるホモの暮しだといったな。濁った要素がなくて、きれいごとですみ過ぎているんですよ。

古谷　そしてぼくはそこがウケているところじゃないかと思うんですよ。実用雑誌なんかばかり見ていて、しかもそれにちょっと反発を感じている、大学で花嫁修業をしてきた主婦たちは、ああいう抽象化されたところにあこがれを持つんじゃないかな。

心の〝二人三脚〟はつづく

花森安治の死によって、残された『暮しの手帖』は、いみじくもこの対談に語られている、濁った要素のない上澄みの水のような暮らしの雑誌だった。

創刊にあたって、表紙裏に掲げたマニフェスト「これは、あなたの手帖です／いろいろのことが、ここには書きつけてある／この中の　どれか　せめて　一つ二つは／すぐ今日あなたの暮しに役立ち／せめて、どれか　もう一つ二つは／すぐには役に立たないように見えても／やがて　こころの底ふかく沈んで／いつか　あなたの暮し方を変えてしまう／そんなふうな／これは　あなたの暮しの手帖です」になんの偽りのない、まっとうな生活者の雑誌だったのである。

それを、そっくり引き継いだのが、大橋鎭子だった。〝二人三脚〟の一方であるから、引き継ぐではなく、「持続させていく」わけだった。

花森は死去する一カ月ほど前、三十三年職場を共にした分身のような鎭子に、

「ぼくがもし、死ぬようなことがあっても、必ず、もどってきて、この編集室のどこかに宿って、みんなのことを見てやるから、どんなことが起こっても、自分たちの考え通りに思う存分な仕事をしなさい」

と、遺言めいた言葉をもらしていた。

だから、花森が死去したからと言って、『暮しの手帖』の編集路線に、いささかの変化もなかった。

その証左は、花森の亡き後に作られた鎭子時代の『暮しの手帖』を見れば明らかだった。まず、表紙の題字は最新号に至るも、花森安治の手で書かれた文字の流れを、引き継いでいて、絵は、同誌の読者にお馴染みの藤城清治の作品となってしばらくつづいた。いまは、仲條正義になっている。

しかし、雑誌全体のトーンには、花森・鎭子の〝二人三脚〟の足音が、刻まれている。鎭子は、創刊した昭和二十三（一九四八）年から平成四（一九九二）年までの四十四年間社長だったが、この間は『暮しの手帖』のレイアウトから、フォーマット、活字、カット、書き文字、特集記事、執筆者の顔ぶれ傾向が、花森時代とそのまま——を思わせる方針をとっていた。

鎭子は、生前、その理由を「希代の職人型編集長に、骨の髄まで鍛えられた賜物」と前置きした上で、

「毎日の暮らしに、少しでも役に立つ、暮らしのためになる雑誌を作るというのが、花森さんのお考えでした。私たちは、花森さんのものすごく厳しい教育を受けました。その厳しさは並大抵なものではありませんでした。今日まで、見よう見真似でここまでやってこられたのも、その教えのおかげだったと思います」

と語ってくれていた。

前記の松下村塾のたとえは、鎭子がこのインタビューの折に言ったもので、編集の実務はむろんのこと、人間性、仕事に立ち向う努力と精神など、全社員五十名が徹底的に教えこまれていたのである。

大橋鎭子の提案から、スタートした雑誌だっただけに、創刊当初は、

「それまで、私はヤンチャで、わがままで、花森さんにことごとく反発していました。最初共同で始めた経緯《いきさつ》もあり、年は九歳下でも対等のような考えがあったのでしょうね。『君のようなイヤな奴はいない』と、しょっちゅう言われていましたよ」

「イヤな奴」で思い出されることに、次のようなことがあった。『暮しの手帖』を創刊した頃、鎭子の出身校三田高校（旧第六高女）同窓会名簿の裏に、広告を頼まれた。

三千円か五千円程度の広告料で、鎭子は花森に相談もせず、一存で出そうとした。

すると、花森は烈火のごとく怒って、

「ダメだッ！　約束したことが悪い！」

と、わめきちらした。

拒否の理由は『暮しの手帖』の字のある場がすごく大事だということと、付き合い広告ほど、経営に悪いものはないということだった。

「私はその時、鬼のような人だと思いました。以来、今日に至るも、いちどもその種の広告はしていません。後になって、宣伝費は非常に大切なものだ、花森さんの反対された理

由がわかりましたが……」

花森はまた、仕事上にミスがあったとき、編集会議が低調な時に、怒りを爆発させた。鎮子の表現を借りると、

「殺されそうな怒り……心臓がとまるような、爆弾が落ちたような、それはすごい怒り方でしたよ。私はそれでも言うことを聞かないことがあったものですから、『君くらい扱い難い人間はいないよ』と、また怒鳴られたものでしたが……」

という情景になる。

日々、戦場に臨むような覚悟で仕事に取り組んできた結果が、花森の死後、生前そのままのフォームを承継した『暮しの手帖』を送り出せるのだろう。

鎮子は、そのあたりを次のように語ってくれた。

「皆、仕込まれ、教えを受けて、ちゃんとした人になったのですね。そして、皆が責任者のつもりで働く……。一人の人が編集していたら、そんな力の強い雑誌はできないと思うのです。花森さんの時代だって、お一人では出来なかったでしょう。私も、花森さんを押しのけてやろうというつもりで頑張る。その二人の力に、社員の力がプラスされて、三つの力となり、根性のすわった雑誌ができたと思うのです」

その根性のすわりから、商品テストが生まれた。広告を載せない雑誌にして、はじめて可能になったロング企画になったのだが、花森の亡き後も続けられた。

しかし、一つのテストに一年から、商品によっては三年もかけて取り組む結果、どうし

ても時の流れにズレが生じてしまうという悩みがあった。

鎮子は「商品テスト」に対抗する意気ごみで「からだ、健康、老い、公害、赤ちゃん」問題を、もう一つの柱に立てるべく、花森の亡き後、スタートさせた。

新しい企画の流れに加えて、いま一つの変化は、雑誌の顔というべき編集長に、外部から文筆家で古本屋「ＣＯＷ　ＢＯＯＫＳ」と、東京は中目黒と青山に、おしゃれの店を構える松浦弥太郎を、平成十八（二〇〇六）年、秋に招いたことだった。

花森の死去後、編集長席はしばらくは空席で、会議制で進めていたが、二代目の編集長に宮岸毅が就いた。公募第一号社員だった。

松浦はその後の、伝統ある『暮しの手帖』編集長に就く。

松浦は当時四十歳で、単行本の編集経験はあったが、商業雑誌の編集は初めてだった。その経歴も変わっていて、高校を中退して渡米、道端で古雑誌を売ることから仕事を始め、トラックを改造した「移動本屋」を発案するなど、既成の職業に頼らず、自分のやりたいことを形にして来ていた。

その松浦と、大橋鎮子の『暮しの手帖』との接点ができたのは、平成十八年二月、世田谷文学館で「花森安治と『暮しの手帖』展」を開いたとき、展示と冊子を手がけたことからだった。

創刊号一万部からスタートして、花森治下の最盛期百万部に迫った『暮しの手帖』は、読者の高齢化に加えて、花森イズムのマンネリズムが鼻につき、売れ行きは年を追うごとに、減少を余儀なくされていた。

松浦に新編集長の白羽の矢が立った頃は、全盛期の発行部数の五分の一と、取沙汰されていた。

二十万部台の発行部数になってしまっては、時間と手間をかけて、命がけで取り組んでいた「商品テスト」の効力にも、翳りがでる。

『暮しの手帖』発展の最大の力になった、その超ロング企画は、同誌が三十万部に達したとき、開始された経緯があった。

この流れからみて、編集長を、世襲ではなく、外部から招くに至ったいまこそ「商品テスト」の再検討の時機と考えられた。当然、テスト用の広い研究スペースも不用になり、それを縮小すれば経営の合理化になるはずであった。

今日も鎭子さんは出社です

暮しの手帖社が、住み馴れた東麻布の地から、新宿区・北新宿に移転したのは、平成十六（二〇〇四）年である。

青梅街道から、成子天神の参道を抜け、税務署通りから細い路地を五十メートル入った場所の鉄筋コンクリート三階建ての社屋だった。

麻布の地から、最寄駅が東京メトロ丸ノ内線の西新宿駅で、そこから徒歩十分の距離の社屋への転居は、都落ちの感は拭えなかった。

社主は大橋鎮子に変わりはなかったものの、雑誌の采配を振る編集長が、外部から招いた人物であったことと、発行部数が最盛期の五分の一に落ちていたこと。さらに、『暮しの手帖』の看板であった「商品テスト」からの撤退が、取沙汰されている時の動きだった。

松浦編集長は、移転して四年後の第三世紀三十三号『暮しの手帖』の「こんにちは　さようなら」第五回目に、新社屋のたたずまいと、社内の配置について、およそ次のように説明していた。


土地面積は三百二十七平方メートル、建物面積が、延べ三百四十三平方メートルあって、一階にグリーン・ショップと、大橋鎮子、芳子、顧問の宮岸毅の仕事部屋があった。

社主である鎮子、役員の芳子は共に「さん」付で呼ばれていて、当時鎮子は米寿の八十八歳、三女の芳子は八十三歳であった。

二人は、その高齢にもかかわらず、規則正しく九時十五分には出社していた。そして、鎮子は本誌の超ロング連載「すてきなあなたに」を担当する一方、半生を綴る自伝を書きつづけていた。

部屋には、花森安治の大きな肖像写真が飾られ、毎朝、熱いお茶が供えられていた。鎮子は、当然、三十余年前に死去した花森に、彼の生前そのまま、『暮しの手帖』の現況の報告は怠りなかったし、ときおり社内を見てまわり、社員の誰彼なく気軽に声をかけていた。

転居した新社屋のレイアウト、部署の配置などは、次の通りだった。

社屋にはエレベーターはありません。階を移動する社員は、屋外にある階段を利用します。（中退）

二階に上がりましょう。二階には、社長の横山泰子、営業と出版を担当する取締役の阪東宗文、管理部、営業部、単行本や自費出版物を制作する出版部のスタッフがメインフロアで働いています。パーティションで仕切られた小さな会議室と、キッチンルームがあります。キッチンルームでは、毎週月曜日の朝全員朝礼が行われます。料理ページの試作や、簡単な商品撮影もこの部屋を使用します。

この部屋の両壁には食器棚が、和食、洋食器に分かれて、収納されていた。それらの食器は、花森の方針で銘柄の知られた磁器・陶器がびっしり揃えられていた。花森は、料理にかぎらず、誤魔化しや手抜きは絶対認めなかった。

例えば、洋服簞笥を撮影するときには、内部を写さなくても持ち主にふさわしい洋服、ネクタイ、下着などを収納させて、撮らしたという。

キッチンは、雑誌に紹介する料理の試作で、いつもいい匂いが漂っていた。創刊以来、『暮しの手帖』の料理ページは、担当部員が専門家から、レシピや手順を聞き書きし、それを見て何人もが料理をする。

そして、試食してみて、献立て通りに作られてはじめて、撮影されて雑誌に掲載される鉄則があった。

だから、編集部では『暮しの手帖』に載る料理の試食に、頻繁につきあう〝義務〟があったのだ。

花森安治が決めたこのメソッドは『暮しの手帖』の発行が続けられるかぎり守られているわけで、彼は生きていたのだった。

編集部は三階にあり、松浦編集長以下、特集、連載、制作進行、校閲、別冊、写真担当のそれぞれが、様々な業務に忙殺されていた。

編集部の壁面には、本誌の表紙が毎号飾られ、花森安治の写真が、編集部員を叱咤激励するように掛けられていた。死に先だつ一カ月ほど前に、鎮子に言った「もし、死ぬようなことがあっても、必ず、もどってきて、この編集室のどこかに宿って、みんなのことを見てやる……」の遺命を、厳守していたのである。

鎮子は、二階の社長席、三階の編集部には屋外の階段を、一段ずつ慎重な足取りで上って、声をかけて廻っていたが、第一声は、

「何か面白いことありませんか」

だった。

大橋鎮子は、米寿に達した高齢の身で、休日になると、一日かけて銀座を散歩し、日本のメインストリートを行き交う人々の服装、髪型、色彩、持ち物の変化に眼を凝らし、三越、松坂屋といったデパートの見学を怠らなかった。

松浦弥太郎は、鎮子が開口一番に言う、「なにか面白いことはありませんか?」の常套句を忖度《そんたく》して、次のように書く。


そのたびに私は、こんなことを思います。『暮しの手帖』の仕事の中心にあるものは何でしょう? と。大橋とともに六十年間歩んできた『暮しの手帖』の中心にあるもの、それはまさに、「なにか面白いこと」です。大橋の言う「なにか面白いこと」とは、単に可笑しかったり、ふざけていたり、楽しいことではありません。ひとが豊かに美しく暮らしていくために、役に立つ、新しい工夫と発案、ものやことがそれを指します。


松浦編集長のこの言葉を、さらに敷衍するのは、平成二十二(二〇一〇)年当時、暮しの手帖社代表取締役社長だった横山泰子だった。

その泰子社長は、姑の姉になる社主・鎮子のことを、『『暮しの手帖』とわたし』の「あとがき」の「今日も鎮子さんは出社です」で闊達に、次の通りに書いている。

今年三月十日に九十歳となった大橋鎭子は、家でも会社でも昔からずっと、「しずこさん」と呼ばれています。九十歳となった今でも、毎日のように出社。頭の一番先にあるのは、「何かいい企画はないかしら」「何か売れる企画はないの」ということのようです。今でも、週末にデパートや銀座に出かけると、人だかりのいるところには必ず近づき、「何をやっているんですか」「あなた、何がおもしろいの」と尋ね回る、自称『タネさがし』に励んでいます。（中略）

この姉妹は生まれてからずっと、もう八十年以上も一緒に暮らしています。鎭子さんたちの母が健在のときはもちろん母と共に、妹が結婚したらその家族と一緒に、同じ地にほぼ八十年暮らしてきました。

父を亡くした十歳で喪主となってから、「私がしっかりしなくては」という、家族を自分が守るのだという気持ちの強さが、今日までの原動力なのだと思います。

家族の中心になって、八十年。ファミリー出版社、暮しの手帖社の社長になって半世紀余を、この姿勢で通して来たのだった。

そして、九十歳を越えても出社し、屋外に設けられた階段を上がって行って、

「何か面白いことないの」

と、問いつづけていたのだ。

その言葉が永遠に絶えたのは、平成二十五（二〇一三）年三月二十三日だった。肺炎のため、九十三歳で長逝したのである。

花森安治との約束を守って、生涯、独身で通した鎮子の葬式で、喪主は、妹横山晴子が務めた。

大橋鎮子の訃報を伝えた朝日新聞は、

「『暮しの手帖』創刊」の一段見出しで、その死と、「お別れの会」を報じ、末尾に、

「故花森安治とともに48年「美しい暮しの手帖」（後の『暮しの手帖』）を創刊。消費者の目線に立った衣食住の情報とエッセーで人気雑誌に育てた。創刊から04年まで同社社長を務めた」と書いていた。

――大橋鎮子と花森安治の〝二人三脚〟の旅の終焉であった。

（文中敬称略）

あとがき

花森安治と大橋鎭子は、『暮しの手帖』一誌に、全人生を傾注した編集者である。前者は、三十四歳から六十六歳で終焉するまでの三十余年。後者は、二十五歳から九十三歳で長逝する間の六十数年であった。

ファミリー出版社といっていい『暮しの手帖』で〝二人三脚〟を組んだ二人が、目指したのは、暮らしに役立つ雑誌だった。

創刊当時は、敗戦後の混乱期で、衣・食・住の生活を維持するための、必需品さえなかった。『暮しの手帖』を編集する花森と鎭子は、箪笥に埋もれている着物を、洋風に仕立て直す、端切れで便利な小物入れを、リンゴの箱でテーブルを作るなど、工夫とアイデアで豊かな暮らしが出来ることを、次々に実証していった。

洗濯機がない昭和二十年代――たらいが家庭の必需品時代には、洗濯の後の残り水を捨てるのに主婦は苦労した。『暮しの手帖』はたらいの底に、栓を付けるよう、目からウロコのアイデアを提案した。

やがて、そのたらいが姿を消し、電気洗濯機・冷蔵庫・掃除機が登場するや、『暮しの手帖』は、それらの商品を一メーカー、二台ずつ買い揃え、長い期間をかけてテストを繰り返し、その結果を、メーカーの名をあげて誌上に公開したのである。

雑誌の最大のメリットである広告を、一切載せない編集方針が、それを可能にしたのだが、『暮しの手帖』への信頼は高まった。

一万部の発行部数でスタートした同誌が、最盛期百万部に達したのも、花森・鎮子に率いられた『暮しの手帖』編集部の商品テストをはじめとする、読者の暮しに役立つ誠実な編集姿勢だった。

花森安治は、昭和五十三（一九七八）年、現役編集長のまま急逝するが、三十年余を〝二人三脚〟で歩みつづけた大橋鎮子は、花森の生前そのままの編集姿勢を、半世紀にわたって堅持しつづけたのである。

花森安治は、創刊号から死去した二世紀五十二号――通巻百五十二号まで、表紙の絵からはじまって、原稿、レイアウト、カット、デザイン、写真の撮影となんでもこなす徹底した職人型編集長で通した。

彼がこれだけのことができたのは、大橋鎮子あってのことだった。

花森と同じ神戸に生まれ育ち、小学校の同級、東大の大学新聞編集部で再会する、故人をいちばんよく知る田宮虎彦は、鎮子にそのあたりについて、次のように手紙に書いていた。

花森君があれだけのことができたのは、もちろん花森君が立派だったからにはちがいありませんが、やはりあなたの協力があったからこそだと思います。こんなことを私が言うのは筋違いであり、おかしなことかも知れませんが、花森君が力いっぱい生きることが出来、あのようなすばらしい業績を残したことについての、あなたのお力に対し、あつく御礼を申し上げます。

あなたも暮しの手帖も、これからあと大変だと思いますが、あなたは充分これからあとを立派にやって行かれるお力をお持ちです。いっそう元気にお過し下さいますよう祈っております。(後略)

大橋鎭子・花森安治の〝二人三脚〟の足跡は、花森の亡き後の半世紀にわたって残されたのである。

平成二十八年二月吉日

塩澤実信

参考文献一覧

『「暮しの手帖」とわたし』 大橋鎭子　暮しの手帖社
『すてきなあなたに』 暮しの手帖社
『一銭五厘の旗』 花森安治　暮しの手帖社
『暮しの手帖　保存版Ⅲ　花森安治』暮しの手帖社
『暮しの手帖 300 号　記念特別号』 暮しの手帖社
『暮しの手帖』 創刊号・他　暮しの手帖社
『花森安治　戯文集』 1・2　ＬＬＰブックエンド
『花森安治の仕事』 酒井寛　朝日新聞社
『花森安治の編集室』 唐澤平吉　晶文社
『花森安治伝』 津野海太郎　新潮文庫
『風俗時評』 花森安治　中公文庫
『出版の先駆者』 田所太郎　光文社
『言論は日本を動かす』第十巻　野原一夫他　講談社
『人物昭和史』 丸山邦男他　筑摩書房
『巷説出版界』 大輪盛登　日本エディタースクール出版部
『わが思索　わが風土』 朝日新聞社編　朝日新聞社
『石川武美と花森安治』 青地晨　婦人公論社
『雑誌をつくった編集者たち』 塩澤実信　広松書店
『創刊号に賭けた編集者』 塩澤実信　メディアパル
『出版その世界』 塩澤実信　恒文社
『名編集者の足跡』 塩澤実信　グルーンアロー出版社

塩澤実信（しおざわ みのぶ）
昭和５年、長野県生まれ。双葉社取締役編集局長をへて、東京大学新聞研究所講師等を歴任。日本ペンクラブ名誉会員。元日本レコード大賞審査員。主な著書に「雑誌記者池島信平」（文藝春秋）、「ベストセラーの光と闇」（グリーンアロー出版社）、「動物と話せる男」（理論社）、「出版社大全」（論創社）、「昭和の流行歌物語」「昭和の戦時歌謡物語」「昭和のヒット歌謡物語」（以上展望社）、「吉田茂」「ベストセラー作家 その運命を決めた一冊」「文豪おもしろ豆事典」「出版界おもしろ豆事典」「昭和歌謡 100 名曲 part.1 ～ 5」「昭和の歌手 100 列伝 part1 ～ 3」「昭和平成大相撲名力士 100 列伝」（以上北辰堂出版）ほか多数。

大橋鎭子と花森安治
『暮しの手帖』二人三脚物語

平成 28 年 4 月 10 日発行
著者 / 塩澤実信
発行者 / 今井恒雄
発行 / 北辰堂出版株式会社
〒 162-0801 東京都新宿区山吹町 364 SY ビル
TEL:03-3269-8131 FAX:03-3269-8140
http://www.hokushindo.com/
印刷製本 / 新日本印刷株式会社

ISBN 978-4-86427-208-7 定価はカバーに表記